프랭크 바이올라의 다른 저작에 대한 평

『**인써전스**』 *Insurgence* 대장간 역간.

"이 통찰력있고 변화를 불러올 책에서, 프랭크 바이올라는 우리의 축소된 복음이 예수님께서 구현하셨고, 제자들로 하여금 구현하라고 부르시고 능력을 부여하신 하나님 나라로부터 얼마나 멀어졌는지를 분명하고 명확하게 제시한다. 나는 이 책을 읽기에 도전하는 많은 독자의 삶을 완전히 변화시키기 위해, 하나님께서 이 지혜로 가득한 책을 사용하실 것이라고 확신한다."   Greg Boyd, 목사, 작가

"확실하게 짚고 넘어갈 것이 있다. 『인써전스: 하나님 나라의 복음 되찾기』는 신학의 하찮은 주제를 놓고 또 하나의 편협한 논쟁을 불러일으키는 책이 아니다. 그와는 반대로, 바이올라의 메시지는 기독교의 핵심 메시지의 정곡을 찌른다."

                         Dr. Michael S. Heiser, 성서 학자, 작가

"내가 수천 권의 책을 소장하고 있지만, 책상 위에 놓고 반복해서 읽고 수시로 열어보는 책은 몇 개 되지 않는다. 프랭크 바이올라의 『인써전스: 하나님 나라의 복음 되찾기』가 바로 그 책들 중의 하나이다. 이것은 그냥 책이 아니라, 우리가 그리스도인으로서 오늘날의 문화 속에서 어떻게 살아갈 것인가를 밝혀주는 계시이다. 이 책을 꼭 읽으라. 당신의 여생을 어떻게 바라보아야 할 것인지에 극적인 변화를 가져다 줄 것이다."

                   Phil Cooke, 영화 제작자, 미디어 컨설턴트, 작가

"인써전스는 예수님의 좋은 소식을 전달하는 궤도를 수정하는 길잡이이다. 예수님의 복음을 지금 여기에 임한 하나님 나라의 좋은 소식으로 능수능란하게 제시한 것에 대해 프랭크 바이올라에게 감사할 수 밖에 없다."   Bruxy Cavey, 목사, 작가

"인써전스는 하나님 나라 메시지의 폭넓은 양상을 다루는 단도직입적이고 강렬한 그 나라의 비전으로 우리의 관심을 집중시킨다."   Craig Keener, 신약학 교수, 작가

『하나님이 가장 좋아하는 곳』 God's Favorite Place on Earth. 대장간 근간.

"프랭크 바이올라의 『하나님이 가장 좋아하는 곳』은 율법주의, 좌절, 의심, 거부, 그리고 영적 만족을 상대로 고투하는 그리스도인의 몸부림에 획기적인 대안을 제시한다."

Mark Batterson, 작가, 목사

"많은 사람이 책을 쓰지만, 프랭크는 이야기를 쓴다. 우리는 이 이야기에서 다시 한 번 그가 왜 그런 고수인지를 보게 된다. 그를 친구라고 부를 수 있게 된 것이 내게는 영광이고, 내가 그를 진짜 좋아하는 저자라고 부를 수 있는 것에 신이 난다." Jon Acuff, 작가, 블로거

"프랭크 바이올라의 펜과 목소리는 한결같이 예리하고 또 믿을 만하다."

Jack Hayford, 저명한 목사, 작가

"프랭크는 강력한 사고, 열정적인 목소리, 그리고 그리스도의 신부를 향한 사랑으로 계속해서 교회 전체에게 도전한다." Ed Stetzer, 작가, 연설가

"거장 세잔의 캔버스나 스트라빈스키의 악보 못지 않게, 프랭크 바이올라는 평소의 자신을 능가하는 역작이라 할 만한 작품을 선보였다. 차분하고도 치솟는 장엄함이 돋보이는 책이다. 소설, 전기, 신학, 성경 공부가 골고루 섞인 이 책에서, 프랭크의 상상력과 산문과 시를 넘나드는 필체는 지상에서 가장 하나님 마음에 드는 곳인 베다니를 독자들에게 여느 때보다 더 확실히 분석해준다." Leonard Sweet, 작가, 신학 교수, 설교자

"지상에서 가장 하나님 마음에 드는 곳은 예수님의 사람됨과 진정한 관계성의 강력하고 감동적인 초상화를 아름답게 그려낸다. 프랭크 바이올라는 이야기를 멋지게 잘 꾸미며 지상에서의 예수님의 삶에 새로운 관점과 감동적인 연관성을 제시하며 나사로의 목소리와 견해를 끌어낸다." Jennie Catron, 작가, 리더쉽 컨설턴트

"프랭크 바이올라처럼 나의 믿음에 도전을 주는 저자는 드물다. 이 책과 이 책에 포함된 이야기는 독자들로 하여금 종교의 신화와 마주하게 해서, 그들 고유의 베다니를 찾기 위해, 종교가 아닌 하나님을 향한 더 깊은 헌신의 삶을 택하게 할 것이다. 이 책이 바로 그것을 나에게 하도록 해주었다." Jeff Goins, 작가, 블로거

『영원에서 지상으로』 *From Eternity to Here* . 대장간 역간.

"프랭크의 『영원에서 지상으로』는 걸작이다. … 그것은 마치 종이 위에 그려놓은 한 편의 영화처럼 읽힌다."　　　　　　　　　　　　　　　Dr. Myles Munroe, 작가, 연설가

"당신도 나처럼 나이가 들면 새로운 것들에 관심이 없을 것이다. 당신은 내가 여러 번 듣지 못했던 신앙에 관해 할 말이 별로 없을 것이다. 하지만 『영원에서 지상으로』는 나에게 너무나도 새롭다."　　　　　　　　　Steve Brown, 작가, 라디오 토크 쇼 진행자

"신학을 이야기로 풀어낸 뛰어난 작품."　　　　　　　　Alan Hirsch, 작가, 연설가

"종교적으로 이의를 제기하는 것은 교회에 주어진 선물이다. 그것은 하나님의 선민으로서의 정체성으로 돌아서라고 우리를 끊임없이 부르는 선지자들의 상상이다. 우리가 교회 안에서 보기를 원하는 변화가 일어나도록 바이올라의 말이 우리를 도전하기를…"
　　　　　　　　　　　　　　　　　　　　　　　　Shane Claiborne, 작가, 활동가

"나는 방금 『영원에서 지상으로』 읽기를 다 마쳤고, 또 다시 읽고 있는 중이다. 이 책이 나의 책 톱 텐 목록에 포함되었다. 훌륭하다."　　　　　　　Derwin Gray, 목사, 작가

다시 · 은혜로

프랭크 바이올라

이 남 하 옮김

위대한 그리스도인들이 가졌던 쇼킹한 믿음이
오늘날 우리에게 주는 교훈

Copyright © 2019 by Frank Viola
Original published in English under the title ;

ReGrace: *What the Shocking Beliefs of the Great Christians Can Teach Us Today*
  by FRANK VIOLA
 Published by Baker Books, a division of Baker Publishing Group,
 Grand Rapids, Michigan, 49516, U.S.A.
All rights reserved.

Uesd and translated by the permissions of Baker Books.
Korea Editions Copyright © 2020, Daejanggan Publisher. Nonsan, South Korea

다시 은혜로 ReGRACE

지은이	프랭크 바이올라
옮긴이	이남하
초판발행	2020년 5월 16일
펴낸이	배용하
책임편집	배용하
등록	제364-2008-000013호
펴낸곳	도서출판 대장간
	www.daejanggan.org
등록한곳	충청남도 논산시 가야곡면 매죽헌로1176번길 8-54
편집부	(041) 742(1424 전송 (0303) 0959-1424

분류	기독교 | 영성 | 신앙운동
ISBN	978-89-7071-524-7 03230
CIP제어번호	CIP2020018130

이 책의 저작권은 Baker Books과 독점 계약한 대장간에 있습니다.
기록된 형태의 허락 없이는 무단 전재와 복제를 금합니다.

값 12,000원

What the Shocking Beliefs
of the Great Christians
Can Teach Us Today

ReGRACE

FRANK VIOLA

차 • 례 •

1 • 이 책을 왜 썼는가? 15
2 • 그것은 유머이다 23
3 • 우리는 부분적으로 안다 25
4 • 견해가 다른 사람들을 존중하기 28
5 • 유혈 스포츠가 아님 31
6 • C. S. 루이스가 가졌던 쇼킹한 믿음 35
7 • 조나단 에드워즈가 가졌던 쇼킹한 믿음 43
8 • 마틴 루터가 가졌던 쇼킹한 믿음 54
9 • 존 칼빈이 가졌던 쇼킹한 믿음 70
10 • 어거스틴이 가졌던 쇼킹한 믿음 82
11 • 존 웨슬리가 가졌던 쇼킹한 믿음 100
12 • 찰즈 스퍼젼이 가졌던 쇼킹한 믿음 106
13 • D. L 무디가 가졌던 쇼킹한 믿음 119
14 • 빌리 그레이엄의 쇼킹한 어록 일곱가지 128
15 • 새로운 관용 135
16 • 만일… 당신은 바리새인임에 틀림없다 137
17 • 기독교 우익과 좌익이 나를 받아들이지 않는 이유 20 가지 142

18 • 그래서 당신은 동의하지 않는다고 생각하는가?	149
19 • 온라인에서 바보가 되는 예술	155
20 • 경고: 세상은 우리 그리스도인들이 서로를 어떻게 대하는지 지켜보고 있다	160
21 • 와전	168
22 • 고난받는 마음을 소유하기	171
23 • 우리 믿음의 본질	173
24 • 진짜 이단은 누구인가?	180
25 • 그들은 우리의 스승이다	189
학자들을 위한 제언	193
후주　195	

1 • 이 책을 왜 썼는가?

> 마귀는 우리 중 그 누구보다도 더 나은 신학자이지만,
> 그래도 마귀이다.
> 〈A. W. 토저〉

2014년 11월에 릭 워렌Rick Warren은 나에게, 블로그에 글을 시리즈로 연재할 것을 제안했다. 그것은 교회사에 뚜렷한 족적을 남긴 위대한 그리스도인들특히, 복음주의에 속한 사람들이 가졌던 쇼킹한 믿음the shocking beliefs에 관한 것이었다.*

워렌이 바랐던 것은 그 연재 시리즈가 교리적인 차이들을 놓고 벌어지는 기독교계의 야만적인 풍토를 "완화시키고자함"이었다.

예를 들면, 만일 어떤 그리스도인이 자기가 추앙하는 신학적인 "거장"이 믿었던 독특하거나, 틀리거나, 쇼킹한 믿음을 알게된다면, 이것이 그로 하여금 잘못된 교리를 주장한다고 의심되는 다른 신자를 신랄하게 비판하기 전에 일단 멈추게 해줄 것이라는 바람이었다.

나는 신학적 이견들을 놓고 지난 10년간 소셜 미디어social media에서 벌어진 끊임없는 대학살을 지켜본 후 워렌이 가졌던 목표에 충분히 공감하게 되었다. 그래서 나의 블로그에 "쇼킹한 믿음" 시리즈를 연재하기 시작

---

* 복음주의라는 용어가 나의 신학적 견해에 가장 적합하기 때문에 나 스스로 복음주의자라고 주장하지만, 나는 다른 사람들의 저작을 읽을 때 만큼은 복음주의의 범위 내에 머물러있지 않다. 또한 나는 현대 복음주의에 많은 맹점이 있다고 믿는다. 이것에 관해 다룬 글이 나의 블로그인 frankviola.org에 실려 있다.

했다.

1년이 채 못되어, 이 연재 시리즈는 입소문을 타고 전 세계적으로 퍼져나가 수십만 페이지뷰pageviews를 기록했다.

나는 2017년에 이 시리즈를 보완하고 내용을 보충해서 책으로 출판할 것을 베이커출판사the Baker publishing에 의뢰했는데, 그들이 이 제안을 수락해서 이제 이 작업이 빛을 보게되었다.

이 책의 목적

당신이 지금 읽고 있는 이 책 바로 전에 내가 집필한 책이 있는데, 그 책이『인써전스: 하나님 나라의 복음 되찾기』이다. 땅을 뒤흔드는 하나님 나라의 복음을 신선하게 제시하는 책이다.**

인써전스에 가담한 우리들이 얻게 된 교훈 중 하나는 언제나 그리스도의 사랑으로 행하라는 것이다. 우리와 견해를 달리 하는 사람들을 향해서도.

> 주의 종은 마땅히 다투지 아니하고 모든 사람에 대하여 온유하며 가르치기를 잘하며 참으며. 딤후 2:24

『다시 은혜로ReGrace』는 하나의 목표를 지향한다: 그리스도인들이 신학적인 쟁점들을 놓고 서로 견해가 엇갈릴 때 그들 가운데 은혜와 존중과 관용을 함양하기 위함.

부제인 "쇼킹한shocking"은 주관적으로 붙인 말이다. 어떤 그리스도인들

** 프랭크 바이올라,『인써전스: 하나님 나라의 복음 되찾기』(대장간, 2019) 많은 사람이 인써전스를 나의 "역작" 이라고 부른다.

은 이 책에서 표현된 여러 믿음에 큰 충격을 받게 될 것이다. 또 어떤 사람들은 뜻밖의 사실에 놀라게 될 것이다. 개중에는 속으로 "그래서 어쨌다고?"라며 대수롭지 않게 여기는 사람도 있을 수 있다.

하지만 이 책의 각 장에서 제시하는 요점은 부인할 수 없다. 과거의 영향력있는 그리스도인들 중 그 누구도 흠잡을 데 없이 완벽하다고 주장할 수는 없을 것이다. 누구에게나 다 맹점blind spots이 있다. 그들이 가졌던 견해들 중 어떤 것들은 잘 봐줘서 특이하다고 할 수 있고, 어떤 것들은 엉뚱하거나 성서에 어긋나는 것들이었다. 적어도 많은 복음주의 그리스도인이 볼 때 그렇다.

그러나 그들이 완전하지 않은 믿음을 가졌음에도 불구하고, 하나님은 여전히 그들을 사용하셨다.

이 사실 하나만으로도 블로그나 소셜미디어 상에서 우리가 동의할 수 없는 견해를 가진 교사, 설교가, 저자, 또는 동료 그리스도인을 마주칠 때마다 긴장을 풀 수 있어야 한다.

특히, 그 누구도 오류에서 자유로울 수 없다는 부동의 사실을 우리가 이해하게 될 때 더욱 그렇다.

이것에 당신과 나도 포함된다.

분명히 해야 할 것들

다음으로 넘어가기 전에, 나는 아래의 다섯 가지를 분명히 짚고자 한다:

1) 이 책에 있는 그 어떤 내용에도 기분 상할 이유가 없다. 물론 당신이 쉽사리 상처받는 사람이 아니라면 말이다. (만일 그런 경우라면, 나

에게는 당신에게 제공할 확실한 해독제가 없다. 하지만 내가 이전에 쓴 책에서 그 치료법을 제시했다.)***

2) 대부분의 그리스도인에게는 그들이 영웅시하는 사람들이 있다. 그러나 어떤 사람들은 지나치게 그들을 보호한다. 내가 블로그에 "존 칼빈이 가졌던 쇼킹한 믿음"에 관해 썼을 때 이것을 잘 알게 되었다. 나는 그 글을 올린 후에 다음과 같은 이메일을 릭 워렌에게 보냈다:

주제: 존 칼빈이 가졌던 쇼킹한 믿음 이것이 나를 교수형에 처할 것임!

릭 형제님. 아래의 글을 읽고, 만일 내가 사라진다면 당신의 책임인 줄 아시오! 나에게 연락하려면 살만 루슈디****가 있는 곳으로 하시오.

나는 이에 대한 릭 워렌의 반응을 읽고 크게 웃을 수 밖에 없었다. 나의 시신이 발견된다면 그가 장례식을 집례해주겠다고 약속했기 때문에!

내가 "칼빈을 싫어하는 사람"이 아님을 유념하라. 나는 결코 그의 신학 체계에 범접할 수 없다. 나는 단지 많은 복음주의 그리스도인이 볼 때 쇼킹한, 그가 가졌던 믿음을 지적했을 뿐이다. 내가 이 책에서 다룬, 다른 사람들에게 했던 것과 마찬가지로.

그럼에도 불구하고, 나는 그 블로그에 썼던 내용 때문에 빗발치는 항의 편지들을 받게 되었다. 심지어는 퀘이커 교도들에게서도! 그 많은 이메일

*** Frank Viola, *God's Favorite Place on Earth* (Colorado Springs: David C. Cook, 2013)

**** 역주. Salman Rushdie: 살만 루슈디는 예언자 무함마드에 대해 불경스러운 묘사를 한 책을 썼다고 해서 이슬람의 배교자로 몰려 처형을 피해 숨어지내는 사람이다.

에 실린 끓어오르는 분노는 철면피라 할지라도 얼굴을 붉히게 할 정도였다.

내가 무슨 말을 하려는지 아는가? 목을 가다듬고 비교적 순화된 아래의 두 가지 실례를 소개하겠다:

> 흑암의 저편으로 향하는 바이올라의 여정이 이제 끝나고 말았다. 이 블로그에 글을 쓰는 것은 요술witchcraft이나 다름없다. 나는 그가 작은 동물들 학대하기를 그쳤는지 심히 의심스럽다. 즉시 그의 블로그 구독자 리스트에서 나를 삭제해주길 바란다.

> 당신의 "쇼킹한 사상" 시리즈는 나에게 찰스 맨슨Charles Manson *****을 연상시킨다. 당신은 [욕설이라서 뺐음] 또 사이코 연쇄살인범임에 틀림없다!

3) 내가 이 책에서 다룬 소위 쇼킹한 믿음 중 어떤 것들은 나 자신도 동의하는 견해이고, 어떤 것들은 내가 받아들일 수 없는 것들이다. 결과적으로, 단지 쇼킹한 믿음이 제시되었다고 해서 그것이 그 믿음에 대한 나의 개인적인 느낌을 반영하는 것은 아니다. 그것은 그저 많은 복음주의 그리스도인이 그 믿음을 최악의 경우에 쇼킹하게 여기거나 좋게 말해서 특이하게 여긴다는 뜻이다.

그러므로 이 책을 끝까지 읽기로 하고, "글쎄, 나에게는 그것들 중 어느 것도 쇼킹하지 않은데!"라고 대수롭지 않게 생각하며 뽐내는

***** 역주: 찰스 맨슨은 미국의 사교집단 교주로서 유명 여배우를 포함한 다섯 사람을 난도질해서 죽인 살인마이다.

사람들은 세 가지를 기억하라: 당신은 이 책의 요점을 놓쳤다; 내가 제시한 각 사람을 그 시대에 이단이라고 믿었던 사람들이 있다; 그리고 그들이 가졌던 견해 때문에 그들 각 사람을 향해 아직도 신랄한 비판을 가하는 사람들이 있다.

4) 나는 내가 제시한 각 사람이 가졌던 믿음의 많은 것에 동의하지 않지만, 그들 각 사람에 대한 존경심을 갖고 있다. 사실, 나는 그들의 발뒤꿈치도 따라가지 못한다. 각 사람은 타의 추종을 불허할 만큼 탁월했다. 내가 생각하기에, 이것은 칼빈, 루이스, 웨슬리, 어거스틴 등을 좋아하지 않는 사람들이 이 말에 의해 잠잠케 될 것이라는 뜻이다. 그리고 어떤 사람들은 이 책의 요점과 의도를 완전히 잘못 파악하고 위의 각 사람을 향해 정면 공격을 가하며 이 책을 악용할 수도 있다. 만일 당신이 그렇게 하는 사람을 만나게 되면, 그들이 기억을 더듬을 수 있도록 얼마든지 이 본문을 인용해서 사용해도 된다.

5) 나는 이 책의 분량을 비교적 적게 하기 위해 교회사에 등장하는 이 사람들이 가졌던 쇼킹한 믿음 전부를 다루지 않았다. 단지 내가 하려는 말을 뒷받침하기에 충분하다고 생각하는 믿음을 다루었다. 원 자료들이 각 사람과 그의 견해에 관한 정보를 당신에게 더 제공해 줄 것이다. 따라서 당신이 연구하기를 원하면 그들이 가졌던 쇼킹한 믿음을 더 많이 발굴하리라고 나는 확신한다. 그러나 다시 강조하자면, 그들이 믿었던 특이한 견해들이 얼마나 많은지가 중요한 게 아니다. 핵심은 그들이 가졌던 어떤 믿음이 불완전함을 알기 때문에, 우리의 견해가 엇갈릴 때마다 서로를 향해 더욱 관용을 베풀어야 한다는 점이다.

"위대한" 그리스도인들이라는 표현에 관해서

내가 타락한 인간들을 묘사하는데 "위대한great" 이라는 말을 사용했기 때문에 열받을 사람들을 위해, 단지 여기서 예수님을 따라 했을 뿐임을 지적하고자 한다:

> 너희 중에 큰great 자는 너희를 섬기는 자가 되어야 하리라. 마 23:11
>
> 내가 진실로 너희에게 말하노니 여자가 낳은 자 중에 침례세례 요한보다 큰greater 이가 일어남이 없도다 그러나 천국에서는 극히 작은 자라도 그보다 크니라greater 마 11:11
>
> 누구든지 이를 행하며 가르치는 자는 천국에서 크다great 일컬음을 받으리라. 마 5:19

고로, 진정해주길 바란다.

내가 이 책에서 오직 여덟 명의 "위대한 그리스도인들"만을 다룬 것에 주목하라. 내가 믿기에, 교회사를 통틀어 복음주의 기독교계의 기틀을 세우는데 가장 큰 영향을 끼친 인물은 이 사람들이다. 나는 빌리 그레이엄을 "쇼킹한 믿음"의 순위에는 포함시키지 않았다. 왜냐하면, 나는 그가 이 범주에 속한다고 생각하지 않기 때문이다. 그렇지만, 그가 남긴 뜻밖의어쩌면 쇼킹할 수도 있는 어록 일곱 가지를 인용했다.

당신은 여기에 여자가 한 사람도 포함되지 않았음을 알게 될 텐데, 내가 연구한 바로는 교회사의 기틀을 세우는데 있어 중요한 역할을 한 여자들훼니 크로스비[Fanny Crosby]와 에이미 카마이클[Amy Carmichael] 같은 사람들이 가졌던 쇼킹한 믿음은 찾기 힘들다.****** 나는 이것이 그녀들을 더 빛나게 해준 다고 생각한다.

끝으로, 나는 위대한 그리스도인들이 가졌던 믿음에 초점을 맞추기 위해 그들의 쇼킹한 행동은 의도적으로 제외시켰다. 행동과 믿음은 같은 것이 아니다

반복해서 강조하자면: 이 책의 목적은 당신이 이 사람들을 더 낮게 보도록 함이 아니다. 그것은 실제로 정반대이다. 그것은 그들이 어떤 이슈들에 관해 이상한 사상 어떤 경우엔 잘못된 사상을 가졌음에도 불구하고 하나님께서 여전히 그들을 사용하셨음을 당신에게 보여주기 위함이다. 심지어 크게 사용하셨음을 보여주기 위함이다.

물론, 우리가 간직해야 할 교훈은 하나님께서 그분의 사람들의 이상하거나 잘못된 관점에 관계없이 그들을 사용하신다는 것이다. 그렇기 때문에, 우리가 동의할 수 없을 때는 언제든지 서로를 더 은혜롭게 대하도록 하자.

지금이 우리가 '다시 은혜로' 돌아가야 할 때이다.*******

****** 카마이클(Carmichael)은 자신이 섬겼던 인도의 원주민 여자 복장을 했고, 성노예로 팔릴 위기에 놓였던 어린이들을 납치한 것으로 전해지고 있다.(그들을 구출하려는 시도로) 그녀는 또한 기부금을 달라고 부탁하지 않았다. 그러나 그녀의 이런 견해 그 어떤 것도 21세기의 그리스도인들에게는 쇼킹하거나 놀랍지 않을 것이다.

******* 나에게 있어 다시 은혜로(regrace) 라는 말은 단지 우리가 동의할 수 없는 사람들에 대해 하나님의 은혜를 다시 생각하고 다시 발견하자는 뜻이다. 달리 말하자면, 그리스도 안의 동료인 우리의 모든 형제와 자매를 향해 은혜롭게 되기 시작하는 것이다. 특히, 우리가 그들을 직접 만날 수 없을 때.

2 • 그것은 유머이다

> 시종일관, 우리에게는 이해하는 것이 아니라
> 오직 순종하는 것이 요구됨을 기억하자.
> 〈에이미 카마이클〉

나는 궁극적으로는 이 책으로 발전하게 된 "쇼킹한 믿음" 블로그 시리즈를 처음 시작했을 때, 독자들 중 내가 제시한 그리스도인들을 공격하기 위해 그 내용을 잘못 사용할 사람들이 있을 것을 예상했었다.

어떤 사람들은 그들이 추앙하는 영적 거장이 한 점의 오류도 없는 지각의 소유자가 아님을 알게 된 후에 쇠꼬챙이에 고기를 끼워 서서히 굽듯이 나를 괴롭히려고 했다.

이런 이유로, 나는 블로그에 쓴 모든 글의 말미에 있는 댓글란 바로 위에 다음과 같은 경고를 첨가했다. 이것은 C. S 루이스에 관한 글에 등장한 경고이다:

경고: 이제 C. S. 루이스가 가졌던 뜻밖의 믿음 일부를 알게 된 당신은 과잉 반응을 일으키려는 유혹을 받을 수 있습니다. 고로, 당신은 댓글을 달기 전에 이 경고에 주의를 기울이십시오: 만일 누가 "C. S 루이스는 사탄의 대변자이다" 또는 "루이스는 적그리스도the Antichrist, 연쇄살인범the Zodiac killer, 그리고 우편 폭탄 테러범the Unabomber이다" 또

는 그런 류의 사람이라는 식의 비난을 퍼붓는다면, 우리의 친애하는 블로그 관리자는 그런 댓글을 허용하지 않을 것입니다.

그러므로 인터넷 상 어딘가에서 이 글을 발견한 다음, 회복 불능한 상태로 루이스의 권위를 실추시키거나, 그를 혹평하거나 하찮은 존재로 전락시키기 위해 쇠스랑과 화염장치와 둔기를 들고 댓글란을 향해 돌진하기 시작한 여러분의 발언은 블로그 관리자가 삭제 키the Delete key를 누른 후에 연기처럼 사라지게 될 것입니다.

아울러, 이곳은 신학적인 대립, 교리의 대결, "C. S. 루이스를 나만큼 아는 사람은 나와보라"는 식의 자아도취, 또는 칼빈주의와 알미니안주의 사이의 무자비한 공격의 장이 아닙니다. 우리는 그저 댓글란에 당신이 선호하는 C. S. 루이스의 말을 인용하여 남기기를 부탁합니다. 감사합니다.

3 • 우리는 부분적으로 안다

마음으로 보아야만 제대로 볼 수 있다;
진짜 본질적인 것은 눈에 보이지 않는 것이다.
〈앙트완 드 생텍쥐페리〉

내가 나의 책 *Revise Us Again*1에서 주장했듯이, 예수님을 따르는 모든 사람은 글로 치면 초고라고 할 수 있다. 시간이 흐르면 위대한 편집자인 성령이 우리의 삶과 사상의 기틀을 세워준다. 그러나 우리가 주님을 만날 때까지, 그리고 "주께서 나를 아신 것 같이 내가 온전히 알리라"는 말씀이 이루어질 때까지, 우리는 모두 다 진행 과정 중에 있다.*

이것은 또한 이전에 살았던 위대한 그리스도인들에게도 마찬가지였다.

그러므로 우리가 경계해야 할 실수들 중 하나는 어떤 사람이 우리가 소화하기 어려운 사상을 가졌다고 해서 또는 가졌었다고 해서 그가 기여한 전부를 묵살해버리는 유혹이다.

개인적으로 말해서, 내가 어떤 사람의 신학적 견해가 나의 견해와 똑같아야 한다고 요구할 때, 만일 내가 오늘의 나를 30년 전에 만났다면 그런 나 자신과의 교제를 끊어야 했을 것이다!

---

* 이것은 고전 13:12에서 바울이 말한 것이다: "우리가 지금은 거울로 보는 것 같이 희미하나 그 때에는 얼굴과 얼굴을 대하여 볼 것이요 지금은 내가 부분적으로 아나 그 때에는 주께서 나를 아신 것 같이 내가 온전히 알리라."

사실인즉, 어떤 주제들에 관한 나의 견해는 시간이 지나면서 변천되어 왔다.

그리고 당신의 견해 역시 마찬가지이다.

우리는 모두 다 진행 과정 중에 있다. 우리들 중 항상 모든 것에 옳은 사람은 한 사람도 없다. 이것은 이 땅에서 살아온 모든 그리스도인에게 있어 불변의 사실이다.

그러므로 내가 우리의 신앙 선배들이 가졌던 쇼킹한 믿음을 강조하고자 하는 목적은 그들을 난도질하려 함이 아니다. 또는 그들이 교회사에 긍정적으로 기여한 공적을 묵살하려는 것도 아니다.

오히려, 그것은 그들이 오늘날 많은 그리스도인의 눈쌀을 찌푸리게 하는 아니면 노여움을 사게 하는 견해를 가졌음에도 불구하고, 이것이 그리스도의 몸에 기여한 그들의 소중한 사상을 뒤집거나 무효화하지 않음을 드러내기 위함이다.

애석하게도, 많은 복음주의자가 교리가 다르다는 이유로 동료 형제와 자매들을 무시하거나 비난하기까지 한다. 그 동일한 형제들과 자매들이 역사적 정통 신경들사도 신경, 니케아 신경 등을 공유하고 있음에도 불구하고. 그러나 그렇게 무시하는 것은 하나님 나라 쪽에서 볼 때 아무런 도움이 되지 않으므로 우리는 그것을 피할 수 있다.

정통 안에서 다양성이 부딪힐 때 은혜가 더 요구된다. 우리들 중 완벽하게 볼 수 있는 사람이 하나도 없음을 알므로 우리에게 은혜가 더해지기를 우리가 원하는 것처럼 말이다.마 7:12 그러므로 우리는 밀 몇 톨로 밀 한 자루 전체를 판단하듯 하는 잘못을 절대로 범하지 말아야 한다.**

** 나는 나중에 이 책에서 정통 기독교 신앙을 구성하는 것이 무엇인지, 그리고 그 정통 신앙을 거스르는 교리를 가르치는 사람들을 우리가 어떻게 대해야 하는지를 다룰 예정이

이런 점에서, 바울이 다음과 같이 한 말은 크나큰 울림으로 다가온다:

우리는 부분적으로 알고 부분적으로 예언하니. 고전 13:9

다. 다시 말해서, "이단"과 거짓 교리들을 조장하는 사람들에 관해 논할 것이다.

4 • 견해가 다른 사람들을 존중하기

> 나는 사랑을 고수하기로 결단했다.
> 미움은 짊어지기에는 너무나도 큰 짐이다.
> 〈마틴 루터 킹〉

우리는 모두 그것을 보아왔다. 그리스도인들이 교리적, 신학적, 정치적 차이를 놓고 동료 신자들을 향해 기를 쓰고 달려들어 난투극을 벌이는 장면 말이다.

그들 중 상당수는 싸우다가 물러서거나 패배하는 대신, 솟구치는 화염 속에 석탄을 쏟아넣거나 휘발유 트럭을 몰고 돌진한다.

이런 이유로, 지금이 우리가 잊고 있던 예술을 회복할 때다. 즉, 서로의 견해 차이를 인정하는 기술을 터득해야 한다.

마귀는 하나님의 자녀가 사소한 견해 차이들을 놓고 서로 물고 늘어질 때 아주 고소해 한다. 그러나 견해 차이를 놓고 관계를 끊는 것은 사실상 예수님의 말씀을 파기하는 것이다:

> 너희가 서로 사랑하면 이로써 모든 사람이 너희가 내 제자인 줄 알리라. 요 13:35

> 그들로 온전함을 이루어 하나가 되게 하려 함은 아버지께서 나를 보내신 것과 또 나를 사랑하심 같이 그들도 사랑하신 것을 세상으로 알게 하려 함이로소이다. 요 17:23

18세기에 처음으로, "견해 차이를 인정하다agree to disagree"라는 문구를 글로 표현한 사람은 존 웨슬리John Wesley였다. 웨슬리의 논쟁 상대는 조지 휫필드George Whitefield였는데, 그는 이 문구가 휫필드에게서 나왔다고 했다. 웨슬리의 말을 인용하자면:

> 당신이 나와 동의한다면, 좋습니다: 만일 그렇지 않다면, 미스터 휫필드가 종종 말한 바와 같이 우리는 견해 차이를 인정할 수 있습니다.[1]

웨슬리알미니안주의자와 휫필드칼빈주의자의 교리적인 차이에 비추어서, 누군가가 휫필드에게 하늘나라에서 존 웨슬리를 만날 수 있다고 생각하는지를 물었다. 이에 휫필드는 다음과 같이 대답했다:

> 그렇지 않을 것 같습니다. 왜냐하면, 그가 영원한 보좌 아주 가까이에 있어 우리 사이의 거리가 꽤 떨어져 있으므로 그를 거의 볼 수 없을 것이기 때문입니다.[2]

이 말이 조지 휫필드의 영적 크기를 드러내준다.

교리적 차이에 관계없이, 다른 하나님의 종이 하나님 나라 안에서 차지하는 위치를 인정하는 것은 그가 하나님과 동행하고 있다는 증거이다.

다른 하나님의 종을 좋게 말하는 것, 더 나아가서 그를 공중 앞에서 높이는 것은 그 사람의 영적 크기와 그리스도처럼 겸손함을 보여주는 표시이다. 이것은 특히 우리의 신학또는 정치적 견해이 다른 사람들의 그것과 현격한 차이가 있을 때 더욱 그러하다.*

---

* 물론 나는 성서가 "거짓 교훈" 또는 "이단"이라고 부르는 것을 말하고 있지 않다. 그런

서로간의 교리적인 차이에 관계없이, 하나님의 손길이 임해서 그 사람들을 쓰시는 것을 보는 통찰력을 갖는 것은 주님을 잘 알고 있다는 사인 sign이다.

횟필드가 웨슬리에 대해 한 말은 논쟁과 비방과 비하하는 것특히이 난무하는 우리 시대에는 거의 볼 수 없다. 그런 것들이 기독교 지도자들 가운데 신학적 차이를 놓고 벌어지는 이 시대의 풍조이기 때문이다.

동료 신자와 동의할 수 없을 때 웨슬리와 횟필드를 본받도록 하자. 견해 차이를 인정하는 예술을 배우자. 우리에게 있는 헤아릴 수 없이 많은 교리적, 신학적, 정치적 견해 차이들 중 대부분은 그것을 위해 목숨을 걸 필요가 없는 것들이다.

실로, 우리가 정통을 고수하기 위해 굳게 버텨야 할 때도 있지만 물리적 폭력이든 말의 폭력이든 둘 다 사용하면 안된다. 우리는 이 책에서 나중에 이 문제를 더 살펴보게 될 것이다.

횟필드와 같은 부족이 더 늘어나기를!

류의 잘못된 신앙을 이 책의 다른 곳에서 다루게 될 것이다. 그러나 하나님은 이단과 거짓 교훈이 끼치는 피해가 있음에도 불구하고 심지어 그것들을 선을 이루기 위해 사용하신다. Samuel Bolton의 *The Arraignment of Error* (Morgan, PA : Soli Deo Gloria Publications, 1999; first published 1646 in London)는 전부 이 주제에 초점을 맞추고 있다.

5 • 유혈 스포츠가 아님

나는 하나님을 나의 안경으로 사용해서, 즉 사람들을 향한
그분의 사랑에 의해 색깔을 입힌 안경으로 사용해서
그분을 통해 사람들을 보기를 선택한다.
〈프랭크 로박〉

교회사를 주의 깊게 살펴보면 그것이 당신을 오싹하게 만들 것이다. 4세기 말부터 17세기 까지, 그리스도인들은 교리적 차이 때문에 다른 동료 형제들을 무참하게 죽였다.1

물론, 한 저자가 다른 저자에게 펜 끝을 겨누며 싸움을 걸 때 지면에서 교리 전쟁이 벌어졌다. 그렇지만, 지면에서의 전쟁이 나중에는 훨씬 더 심각한 무언가로 발전했다.

기독교 지도자들이 칼집에서 칼을 꺼내기 시작하면서 유혈사태로 번지기 시작한 것이다. 비극적인 것은, 그때부터 피의 강이 흘러왔고, 심지어 종교의 자유가 있다는 서구에서도 오늘날 계속 흐르고 있다. 비유적으로 말해서

지난 40년 동안, 나는 교회가 분열되는 여러 현장을 가까이에서 지켜볼 수 있었다. 모든 경우에, 누군가가 상처를 받고 싸움을 걸면서 분열이 시작되었다.

특히 나의 기억에 남아있는 케이스가 있다. 한 사람이 우리 교회에 와서 그가 주장하는 사소한 교리를 교회의 모든 지체에게 주입시키려 했다.

그를 톰[Tom]이라 칭하겠다 톰은 거대한 화강암 바위산을 깎아서 없앨 듯이 집요했다. 그는 우리를 부글부글 끓게 했다.

톰의 많은 노력에도 불구하고, 우리는 그의 가르침을 받아들이지 않았다. 그는 상처를 받았고, 시퍼런 식칼이 그 모습을 드러내기 시작했다.

누군가가 톰을 지적함으로써 가스통에 성냥불을 그어 던지듯이 그 상황을 더 악화시켰다. 그 결과: 우리 모두는 살점이 불에 타는 냄새를 맡게 되었다. 몇몇 사람들도 톰을 고쳐주려 했지만 아무런 소용이 없었다. 톰은 분노가 극에 달하여 양쪽 귀에서 연기를 뿜어냈다. 그때를 생각하니 내가 순간적으로 늙는 것 같다

톰은 비판의 날을 세우고, 교회의 지체들을 비열하고 악랄한 종자라고 몰아세우며 비방하기 시작했다. 물론 그것은 전혀 사실이 아니었지만, 그는 갈 데까지 가서 닥치는 대로 독기에 찬 말을 쏟아냈다. 그의 맹렬한 비난 뒤에는 "나는 이제 저 사람들과는 끝장이다!" 라는 의도가 숨어있었.

유도 챔피언 두미트루 D. 코만Dumitru D. Coman의 말이 떠오른다: "독을 품은 사람이 더는 당신을 컨트롤할 수 없을 때, 그는 다른 사람들이 당신을 어떻게 보는지를 컨트롤하려 할 것이다."

유감스럽게도, 나는 이와 동일한 드라마가 여러 다른 환경에서 연출되는 것을 지켜보아왔다. 배역을 맡은 배우들은 다르지만, 동일한 비방이 난무하는 똑같은 장면들이 펼쳐졌다.

여기에 소름끼치는 교훈이 있다. 만일 당신이 다른 그리스도인들과 좁은 방에 함께 있게 된다면, 방탄복을 입으라. 누군가가 독화살을 날릴지도 모르기 때문이다. 그리고 그것은 성격의 충돌이나 교리의 차이를 놓고 벌어지는 분쟁이다. 종종 이 두 가지는 실과 바늘처럼 따라다닌다

더 아이러니한 것은, 그들이 그리스도 안의 다른 형제들과 자매들을 비

방하기 위해 하나님의 이름을 사용하여, 또 "다른 사람들을 보호한다"는 명목으로 합리화한다는 사실이다. 역사적으로, 이단으로 몰아 화형시키거나 고문을 가한 사람들은 언제나 방어수단으로 "하나님의 이름"과 "양들을 보호한다"는 명목을 사용해왔다.

16세기에 신학적 차이를 놓고 그리스도인들의 손에서 흘러내린 피가 강을 이루었다. 존 후스John Huss, 윌리암 틴데일William Tyndale, 펠릭스 만쯔Felix Manz, 발타자르 휘브마이어Balthasar Hubmaier, 그리고 헤아릴 수 없이 많은 재침례교도의 비극적인 결말이 당신의 피를 얼어붙게 할 것이다.

그러나 우리는 오늘날 먼 길을 왔다. 2 밀리미터쯤!

상처를 쉽게 받는 세심한 그리스도인들은 그들이 동의하지 않는 사람들을 공격하기 위해 칼을 사용하지는 않을 것이다. 그 대신, 키보드와 인터넷을 사용할 것이다. 그러나 결과는 똑같다. 대학살이다.

나는 이 책 전체에서 이런 태도 전부를 향해 성전holy war을 선포할 것이다. 우리의 동료 형제들과 자매들을 예수 그리스도의 사랑으로 대하는 것은 하나님의 마음 속에 새겨있다. 그리고 당신은 그것을 신약성서 전체에서 찾을 수 있다.

달리 표현하자면, 신학은 유혈 스포츠가 될 필요가 없다. 그것은 문명적이고 지적으로 정직한 대화가 될 수 있다.

그리고 그렇게 되어야 한다.

유감스럽게도, 오늘날 많은 문제는 그리스도인들이 신학 토론을 할 때 서로 다른 대화 스타일을 사용하는 데서 발생한다.* 따라서 서로 동의하지 못하는 것은 본질적인 것이라기보다 언어 해석상에 그 뿌리를 둔 것으

---

* *Revise Us Again*에서, 나는 영적인 대화 스타일의 세 가지 유형을 소개하고, 각 유형을 어떻게 인식하고 극복할 것인지 그 방법을 제시한다.

로 귀결된다. 물론 항상 이런 경우는 아니겠지만 당신이 생각한 것보다 더 많이 발생한다.

하지만 하나님의 사람들 가운데는 그런 일이 벌어지지 말아야 한다.

6 • C. S. 루이스가 가졌던 쇼킹한 믿음

> 사람들은 자기가 믿는 교리에 몰두하지만,
> 하나님은 그들이 예수 그리스도께 헌신하기 전에
> 선입견에서 벗어나도록 그들을 폭파시키셔야 한다.
> 〈오스왈드 체임버즈〉

클라이브 스테이플즈 루이스Clive Staples Lewis는 수백만권이 판매된 『나니아 연대기』, 복음주의자들에게 고전으로 평가받는 『순전한 기독교』와 『스크루테이프의 편지』의 인기에 힘입어 많은 사람에 의해 복음주의의 성자로 간주되는 인물이다.1

심지어 「크리스채너티 투데이Christianity Today」는 그를 "우리의 수호성인"이라고 부르기까지 한다.2

「타임지」Time magazine에 의하면, 루이스는 "영어권에서 기독교의 가장 영향력있는 대변자"였다.3

J. I. 패커J. I. Packer에 의하면, 루이스는 "그리스도 중심이고 위대한 전통을 지닌 주류 그리스도인으로서, 그가 죽은 후의 세대에 떨친 위상이 살아생전 그 누가 생각했던 것보다 훨씬 더 크게 보이는 인물"이다.4

이전에 무신론자였던 루이스는 그리스도께로 회심하자마자 곧 믿음의 저명한 옹호자로서 복음주의의 귀감이 되었다. 루이스는 1931년도에 회심했는데, 1942년부터 1944년까지 전파를 탄 그의 BBC 방송국 강의가 결국 그의 책 『순전한 기독교』1952로 출간되어 명실공히 복음주의의 옹호자로 알려지게 되었다.

   흥미로운 것은 루이스와 존 F. 케네디가 같은 날인 1963년 11월 22일에 세상을 떠났다는 사실이다.5

   죽는 날 치고는 그 누구에게도 별로 좋은 날이 아니었다. 많은 사람이 몇 달이 지나서야 그의 사망 소식을 듣게 되었다. 떠들썩했던 케네디의 비명횡사 소식에 가려졌기 때문에.

   루이스의 생애를 통틀어 그의 인상적인 면 몇 가지를 소개하자면:

- 그는 그가 집필한 크리스천 서적들로 받은 인세의 상당한 부분을 구제 기금으로 내놓았다. 이것이 그의 생애 내내 그를 가난에 찌들게 했다.6
- 그는 비상한 기억력을 소유했다.7
- 그는 머리가 비범한 반면, 서툴고 어색했다. 그는 자동차 운전을 배운 적이 없고, 타자기를 사용해본 적이 없다.8
- 그는 그에게 편지한 모든 사람에게 일일이 손편지를 써서 답장을 했다.9
- 그는 세계 제 1차 대전에 참전해서 "참호전(trench warfare)"을 치렀다.10
- 그는 그의 말년에 복음을 옹호하는 그의 지적 능력이 떨어져간다고 느꼈다. 결과적으로, 그는 그의 가까운 친구들과 가족이 복음을 받아들이도록 설득할 수 없기 때문에 자신이 변증가로서는 실패했다고 생각했다.11
- 루이스는 그의 책 『고통의 문제 *the Problem of Pain*』에서 하나님의 선하심과 이 세상의 악의 문제를 밝히 드러내며 확고한 논리를 전개했다.

그러나 그의 아내가 죽은 후에는, 일찍이 악과 고통에 관해 주장했던 그의 논리가 더는 적합하지 않다고 생각했다. 그 주제에 관한 그의 변화된 사상이 나중에 쓴 책 『헤아려 본 슬픔A Grief Observed』에 등장한다.12

하지만 루이스가 기독교 신앙에 크게 기여했음에도 불구하고, 여기에 그가 가졌던 쇼킹한 믿음 일곱 가지를 소개한다.

1. 루이스는 죽은 자를 위한 기도를 믿었다.

그가 한 말을 여기에 인용한다:

> 물론 나는 죽은 자를 위해 기도한다. 이렇게 하는 것은 매우 자발적이고 아주 불가피한 것이어서, 이것에 상충하는 가장 강력한 신학적 반론만이 나를 단념시킬 수 있을 것이다. 그리고 죽은 자를 위한 기도가 금지된다면 내가 하는 나머지 다른 기도가 과연 살아남을 런지 모르겠다.13

2. 루이스는 연옥을 믿었다.

죽은 자를 위한 기도에 관한 그의 믿음을 근거로 해서 나온 것이 그가 믿었던 연옥에서의 속죄론이다. 로마 가톨릭 도그마dogma에 의하면, 연옥은 택함 받은자가 죽은 후에 마지막으로 정화되는 곳이다.14

『헤아려 본 슬픔』에서, 루이스는 그의 죽은 아내인 조이Joy가 연옥에서 고통과 속죄를 통과하는 것과 연관시켜 그녀에 관해 서술했다.

루이스는 구원은 은혜로 받는다고 믿었지만, 완전한 변화는 그 사람의 선택에 달려있다고 생각했다. 따라서 그는 사람이 죽은 후에도 변화가 일어날 수 있다고 생각했고, 또 어떤 그리스도인들은 천국에 가서 누리기에 합당함을 얻기 위해 정화될 필요가 있다고 생각했다.

루이스에게 연옥은 심판이나 처벌이 아닌 완전한 성화를 위해 설계된 곳이었다. 그러므로 그는 연옥을 하나님의 은혜의 역사로 보았다.

다음은 루이스가 한 말에서 인용한 내용이다:

죽은 자를 위해 기도하는 것은 진전progress과 어려움difficulty이 여전히 가능함을 전제로 한다. 사실, 당신은 연옥 같은 것을 도입하고 있다. 실은, 내가 그것을 도입하고 있을 것이다. 천국에서도 영구적으로 팔복beatitude이 얼마간 증가될 것으로 추정된다. 그것이 실패의 가능성 없는 더 황홀한 자기 포기의 연속에 의해 도달한 것이라 해도, 어쩌면 그 자체로서의 열심과 노력이 없지는 않을 것이다. 왜냐하면, 사랑하는 사람들은 알고 있듯이 기쁨 또한 격렬함과 가파른 오르막의 요소를 갖고 있기 때문이다. 그러나 내가 당분간은 그쪽에 가려고 애쓰거나, 그곳을 추측하려 하지도 않을 것이다. 나는 연옥을 믿는다.15

3. 루이스는 어떤 믿지 않는 자들은 이 세상을 떠난 후에 구원받는 것이 가능하다고 믿었다.

루이스가 만민구원론universalism이나 궁극적인 화해ultimate reconciliation를 수용하지는 않았지만, 어떤 사람들에게는 죽은 후의 구원이 가능하다고 정말 믿었다.

그의 견해에 의하면, 어떤 사람들은 그리스도를 이름으로는 알지 못하지만 그분을 찾고 만난다는 것이다. 그렇지만, 그는 이것이 "진실함에 의한 구원salvation by sincerity" 또는 "선함goodness"은 아니고 성령이 이끄는 하나님을 향한 갈망이라는 것을 분명히했다.16

루이스에게는, 기독교가 하나님의 길을 알게 하는 유일한 계시일 뿐 아니라 완전하고 완벽한 계시이다. 그러므로 그는 모든 길이 동일하게 하나님께로 인도한다는 사상을 지지하지 않았다. 아울러, 루이스는 죽은 후에는 시간이 이생에서처럼 작동한다고 믿지 않았다. 따라서 그리스도 이전과 이후에 살았던 사람 모두에게 회개의 은혜가 적용될 수 있다고 믿었다.17

흥미롭게도, 루이스의 영적 멘토라 할 수 있는 조지 맥도날드George MacDonald는 궁극적인 화해ultimate reconciliation, 하나님께서 종국에는 모든 사람을 그분 자신에게로 돌아오게 하실 것이므로 지옥이 비워지게될 것이라는 뜻을 믿었다. 맥도날드에 대한 루이스의 존경심은 비할 데가 없었다.

그는 맥도날드에 대해 이렇게 말했다: "그에게 오류가 없다고 감히 내가 말할 수는 없지만, 솔직히 말해서 나는 그리스도 자신의 영에 더 가깝거나 계속해서 더 가깝다고 여겨지는 다른 어떤 저자를 알지 못한다."18

교리적으로 완전히 동의하지 않으면서도 그 사람에 관해 이런 평가를 내린다는 것은 참으로 대단하다.

4. 루이스는 그리스도인들이 음주하는 것은 허용될 수 있다고 믿었다.

이와는 대조적으로, 오늘날 많은 복음주의자는 모든 그리스도인이 음주를 삼가야 한다고 믿는다. 이 점에 관해 루이스의 말을 인용하자면,

'절제' Temperance는 불행히도 그 의미가 변질된 단어 중에 하나이다. 요즘 이 말은 대개 '절대 금주' teetotalism 라는 뜻으로 쓰이고 있다 …

그리스도인이 전부 절대 금주해야 한다는 것은 잘못된 생각이다. 절대 금주를 요구하는 종교는 기독교가 아니라 이슬람교이다.19

5. 루이스는 욥기가 역사적 기록이 아니고 성서엔 오류들이 포함되어 있다고 믿었다.

이 견해는 어떤 복음주의자들에게는 충격적일 것이다. 특히 보수적 성향을 가진 그리스도인들에게. 왜냐하면, 루이스가 복음주의의 우상으로 널리 알려져 있기 때문이다.

> 욥기가 나에겐 역사적 기록으로 다가오지 않는다. 왜냐하면, 욥기가 역사에도, 심지어는 전설에도 전혀 관련없는 사람에 관한 기술로써 그는 족보도 없고, 성서의 다른 곳에서 거의 언급되지 않는 나라에 살고 있기 때문이다. 또 사실인즉, 저자가 분명 연대기를 쓰는 것이 아닌 이야기꾼처럼 쓰고 있기 때문이다.20

> [성서의] 원 자료의 인간적인 면이 드러나 보인다. 순진함, 오류, 모순, 심지어 시편의 저주하는 시에서처럼 악함이 제거되지 않았다. 결과적으로, 본문 전부가 그 자체로서 흠 잡을 데 없는 과학이나 역사를 제공해야 하는 점에서는 "하나님의 말씀" 아니다. 그것은 하나님의 말씀을 담고 있다.21

6. 루이스는 성서의 모든 부분이 다 하나님의 말씀이라고 믿지 않았다.

루이스는 그의 책 『시편사색 Reflections on the Psalms』에서 다음과 같이 흥미로운 견해를 밝혔다.

시편에 있는 심판과 증오에 관해서. [루이스는 이것들을 "보복성 시편, 저주의 말들"이라고 불렀다; 이것들은 또한 "저주를 비는 시편"으로도 알려졌다.] 하지만 그것들이 얼마만큼은 그리스도인에 의해 사용되어야 한다; 적어도 우리[그리스도인]가 만약 성서 전체가 어떤 면에서 하나님의 말씀이라고 여전히 믿는다면 내가 그렇듯이 말이다. 단, 성서의 모든 부분이 똑같은 비중을 차지하지는 않지만.22

7. 루이스는 창세기의 창조 이야기가 이교의 출처에서 유래되었을 수도 있다고 믿었다.

그의 말을 인용하자면,

그러므로 나는 창세기의 창조 이야기가 이교적이고 신화적인 고대 셈족의 이야기에서 유래했다고 말하는 학자들의 견해를 받아들이기에 어려움이 없다.23

마지막으로, 많은 사람에 의해 20세기 중반의 복음주의의 기둥으로 여겨지는 J. I. 패커는 C. S 루이스의 쇼킹한 믿음을 다음과 같이 요약했다:

일반적인 복음주의의 표준들에 의하면 다음과 같은 그의 사상은 그의 단점이었다: 구속에 관한 그의 사상─형벌의 대속이 아닌 전형적인 참회과 죄 사함에 관해 말할 때 믿음으로 의롭게 됨을 한 번도 언급하지 않은 것, 확실하게 드러난 세례중생설에 대한 관대함, 무오설을 부인하는 성서관, 연옥에 관한 긍정적 태도, 그리고 불신자로서 이 세상을 떠난 사람들의 궁극적 구원 가능성을 수용한 것. 이것들이 복음주의 정통

성의 수호자로 널리 알려진 마틴 로이드 존스로 하여금 루이스가 과연 그리스도인이었는지를 의심케 했다.24

하지만 이 여러 문제들에 관한 루이스의 "쇼킹한 견해들"에도 불구하고 패커는 그를 이렇게 호의적으로 평가했다:

그가 가진 생명력있는 통찰력, 재치있는 지혜, 정확한 분석력을 겸한 상상력의 힘의 결합은 루이스로 하여금 영원한 복음의 돋보이는 전달자가 되게 했다…
그의 경이롭고 신비한 사상의 산물로부터 우리가 계속해서 배울 수 있기를! 나는 아직까지 그의 부요함을 충분히 이해한 사람이 있는지 의심스럽다.25

따라서 만일 당신이 루이스의 팬fan이었다면, 당신이 교리적으로 동의할 수 없는 사람을 만나게 될 때 이 장chapter이 당신으로 하여금 여분의 은혜를 얼마만큼 발휘할 수 있도록 격려해주기를 바란다.
이제 교회사를 장식한 또 다른 위대한 그리스도인에게로 우리의 관심을 돌릴 때가 되었다.

7 • 조나단 에드워즈가 가졌던 쇼킹한 믿음

> 모든 사람이 우리가 보듯 똑같이 보지 않는다면 그들이 틀린 것이라는 우리의 생각을 멈추게 하기 위해, 하나님에게는 오랜 시간이 걸린다. 이것은 결코 하나님의 견해가 아니다.
> 〈오스왈드 체임버즈〉

조나단 에드워즈Jonathan Edwards는 전설이고, 많은 사람에게 영웅이다. 예일대 출신의 칼빈주의 신학자요 철학자로서 18세기에 살았었지만, 개혁주의 신학을 신봉하는 많은 사람이 에드워즈를 록스타rock-star 급으로 대우한다.

흔히 볼 수 있는 "조나단 에드워즈는 나의 절친Jonathan Edwards is my homeboy"이라고 새겨진 티셔츠와 커피잔이 두드러진 예이다. 미안하지만, 필자나 출판사나 이것들을 판매하지 않는다.

역사가들은 에드워즈를 제1차 대각성운동의 독보적인 신학자로 간주한다. 그리고 조지 휫필드George Whitefield는 이 운동의 기획자로 간주한다.[1] 저명한 루터교 신학자인 로버트 젠슨Robert Jenson은 에드워즈에게 "미국의 신학자"라는 칭호를 붙여주었다.[2]

에드워즈가 컴퓨터도 없고 음성 활성화 소프트웨어도 없던 시절에 집필한 신학 저작들은 어마어마하고 깜짝 놀랄만하다. 더 놀라운 것은, 에드워즈가 그 막대한 양의 저작들을 단 시간에 완성했다는 사실이다. 그는 비교적 젊은 나이인 55세에 천연두 백신 주사의 후유증으로 생을 마감했다.

　에드워즈의 딸에 의하면, 그는 하루에 13시간을 서재에서 보냈다고 한다. 그리고 그는 자신에 대해 다음과 같이 말한 적이 있다: "나는 공부하는 것 이외의 다른 직업엔 적합하지 않은 사람이다."3

　하지만 에드워즈의 비범한 지적 능력과 내성적인 성격 이외에 그가 아메리칸 원주민의 권리 수호에 앞장섰다는 사실은 거의 알려지지 않았다.

　그는 뉴잉글랜드 사람들이 아메리칸 원주민들에게서 땅을 강탈했을 때 신랄하게 비판했다. 그는 그들이 빼앗은 땅에 대해 적절한 돈을 지불하기를 바랐다.4

　따라서 에드워즈는 합리적인 개혁주의자로서 "사회 정의"에 가담한 "사회 운동가"가 되었다. 이것은 수많은 현대의 에드워즈 추종자가 사회 운동과 사회 정의를 회피하는 것을 볼 때 흥미로운 일이다.

　그렇기는 하지만, 어떤 미국 그리스도인들은 에드워즈를 거의 사교의 교주 수준으로 추앙한다. 그래서 그의 견해들에 어떤 비평만 가해도 성령을 훼방하는 것과 같은 수준으로 받아들이는 사람들이 있다.

　따라서 이것만은 분명히 해두자: 나 프랭크 바이올라는 조나단 에드워즈가 하나님께서 크게 쓰신 대단한 사람이었다고 믿는다.

　만일 당신이 에드워즈의 골수 팬이라면, 제발 이 문장을 반복해서 읽어 주기 바란다.

　역사 시간에 졸지 않은 서구인이라면 누구나 그 유명한 설교 "진노하시는 하나님의 손 안에 있는 죄인들Sinners in the Hands of an Angry God"을 통해 에드워즈를 알고 있을 것이다.

　이것에 관해 흥미로운 사실이 있다. 사료에 의하면, 에드워즈가 설교를 했다기보다는 그의 관례에 따라 그냥 읽었다. 그리고 읽으면서 큰 소리

로 외치지도 않았다.5

이런 사실에 비추어, 에드워즈가 가졌던 다음과 같은 견해들은 오늘날의 많은 그리스도인에게 충격적이거나 뜻밖의 놀라움으로 다가올 것이다.

1. 에드워즈는 노예를 소유하는 것이 예수님을 따르는 사람에게 금기 사항은 아니라고 믿었다.

에드워즈가 아메리칸 원주민의 권리 수호에 앞장섰고 대서양 횡단 노예무역을 규탄했지만, 그 자신은 노예를 소유했다. 물론, 에드워즈는 모든 사람이 하나님에 의해 평등하게 창조되었고 노예들은 존중받아야 한다고 믿었다.6

오늘날의 많은(대부분이 아니라면) 복음주의자는 노예제도를 역사상 가장 사악한 일들 중 하나로 간주한다. 따라서 "미국의 가장 위대한 신학자"가 노예들을 소유했다는 사실은 충격적일 수 밖에 없다. 그가 단지 그 시대의 시류에 편승했던 것뿐이라 할지라도. 에드워즈는 당대에 귀족 엘리트 층의 일원이었다.

어떤 저자는 이렇게 피력했다.

> 프랑스와 아메리칸 원주민들 사이의 갈등이 한창일 때 에드워즈에게서 노예제도에 맞서기를 기대하는 것은 세계 대전에 참전한 병사들에게서 암 연구에 이바지할 것을 기대하는 것과 흡사할 것이다. 그것이 좋은 일이긴 하지만 아마 병사가 추구해야 할 가장 중요한 관심사들 중에는 들지 못할 것이다. 에드워즈의 경우도 마찬가지였다. 인간 에드워즈는 불가피하게 그 시대의 사람일 수 밖에 없었다. 즉, 그는 귀

족이었고, 부흥운동에 집중했었고, 영국을 위한 애국자였다. 그것들이 그의 눈가리개였다.7

이것은 에드워즈가 항상 성서를 정확하게 해석했다는 일반적인 통념을 깨버리고, 실제로는 그가 당대의 문화의 영향을 받아 성서를 이해했음을 드러내준다. 미국의 가장 위대한 신학자들 중 하나가 노예들을 소유했다는 사실은 모든 것을 모든 각도에서 볼 수 있는 사람은 한 명도 없음을 보여주는 증거이다. 그들이 제아무리 위대하다 할지라도.

2. 에드워즈는 교황이 적그리스도라고 믿었다.

로마 가톨릭교회엔 미안한 얘기지만, 에드워즈는 그의 인상적인 통찰력에도 불구하고 이것을 실제로 믿었다. 보수적인 복음주의자들 중에 이 사상을 제기하는 사람들이 제법 있지만, 대부분의 복음주의자들과 주류 그리스도인들은 그것이 정도를 벗어났다고 생각한다.

한 저자는 이렇게 말했다: "에드워즈는 적그리스도가 로마 교황청에 자신의 모습을 드러냈음을 우리가 확신할 수 있다고 결론지었다."8

3. 에드워즈는 우리가 독약을 싫어하는 것보다 하나님께서 죄인들을 더 싫어하신다고 믿었다.

에드워즈는 복음전도의 한 유형으로서 지옥에서의 영원한 고통을 묘사하는 강렬한 이미지를 사용했다.

이와는 대조적으로, 오늘날 많은 복음주의 전도자는 더 "정중한" 복음전도 방법들을 사용한다. 자신이 갖고 있는 최대한의 잠재력을 발휘할 수 있도록 그리스도인이 되라고 호소하는 것을 포함해서.

몹시 괴로운 영원한 고통에 대해 에드워즈가 묘사한 것은 현대의 많은 그리스도인에게 충격적일 것이다.

아래의 내용은 그의 설교 "진노하시는 하나님의 손 안에 있는 죄인들 Sinners in the Hands of an Angry God"에서 발췌한 것이다:

> 사람이 거미나 혐오스러운 벌레를 불 위에 붙잡아 놓은 것처럼, 당신을 지옥의 불구덩이 위에서 붙잡고 계시는 하나님은 그분의 진노를 몹시 불러일으킨 당신을 증오하십니다. 당신을 향한 하나님의 진노는 불같이 타오르고 있습니다. 그분은 당신을 불 속에 던져져야 마땅한 존재로 여기십니다. 그분이 가지신 눈은 아주 정결하기 때문에 당신을 참을 수 없습니다. 우리의 눈에 비친 가장 혐오스러운 독사보다도, 그분의 눈에는 당신이 천배나 더 끔찍하게 보입니다. 당신은 패역한 반역자가 자신의 왕을 배신한 것 이상으로 하나님의 마음을 한없이 상하게 했습니다. 하지만 매순간 당신을 지옥 불 속에 떨어지지 않도록 붙들고 있는 것은 오직 그분의 손밖에 없습니다. 어젯밤에 당신이 지옥에 가지 않은 것은 다른 무엇 때문이 아니고, 당신이 눈을 감고 잠자리에 든 다음 다시 이 세상에서 깨어난 것도 다른 이유가 아닌 그분의 손이 당신을 붙들고 계셨기 때문입니다. 당신이 아침에 일어나서 지옥으로 떨어지지 않은 이유도 하나님의 손이 당신을 붙잡고 계시기 때문입니다. 당신이 여기 이 하나님의 집에 앉아 그분의 엄숙한 예배에 사악한 태도로 참여하여 그분의 노를 격발시켜도 지옥에 던져지지 않은 것은 그분의 손 때문이지 다른 어떤 이유가 없습니다. 그렇습니다. 당신이 바로 이 순간도 지옥에 떨어지지 않는 이유는 다른데 있지 않고 하나님의 손이 당신을 붙들고 계시기 때문입니다.9

당신이 위의 내용에 동의하든 하지 않든, 그 사상과 말의 표현은 대부분의 현대 그리스도인들에게는 충격 그 자체이다.10

4. 에드워즈는 1740년대에 일어난 부흥운동이 "세상이 새로워질" 세기의 종말을 여는 "여명" 또는 "서막"이었고, 이 땅에서 벌어질 하나님의 위대한 마지막 역사가 미국에서 시작되었다고 믿었다.
여기에 그의 말을 인용한다.

> 하나님의 영이 행하시는 매우 기이하고 놀라운 이 역사가 성서에서 그토록 자주 예고된 하나님의 영광스러운 역사의 여명, 또는 적어도 서막이라 할 수 있다. 즉, 그것은 그 진행 과정과 이슈에 있어 인간 세상을 새롭게 할 역사이다. 만일 우리가, 이 위대한 역사에 앞서 일어나야 할 일들이 예고된 이래로 얼마나 오랫동안 성취되어 왔는지를 고려한다면, 얼마나 오랫동안 하나님의 교회가 이 역사를 고대하여 왔는지, 그리고 얼마나 오랫동안 교회 안의 가장 뛰어난 하나님의 사람들이 이 역사가 가까이 왔다고 생각했는지를 고려한다면, 동시에 지금 하나님의 교회 안과 이 세상에서 일어나는 일들 및 상당히 긴 세월 동안 되어진 일들을 고려한다면, 이 위대한 하나님의 역사의 시작이 틀림없이 도래했다는 것보다 더 타당한 생각은 없을 것이다. 그리고 여러 정황으로 미루어 볼 때, 이 역사가 미국에서 시작될 가능성이 많다.11

세계 여러 나라의 그리스도인들이, 이 땅에서 하나님의 최종적인 역사가 시작되어 확산될 곳으로 주님께서 자신들의 조국을 예정하셨다고 믿어

왔다.

에드워즈는 후천년설을 추종했기 때문에 황금기a golden age를 고대했었다. 이것은 미국의 상황을 보고, 또 하나님을 거역하는 이 세상의 풍조에 의해 금방이라도 휴거가 일어날 것을 고대하는 수많은 그리스도인과 대조된다.

에드워즈의 시대 이래로 오늘날까지의 미국을 볼 때, 미국에서 일어날 "성서에 예고된 하나님의 영광스러운 역사"의 "여명" 또는 "서막"에 관한 그의 예견은 완전히 틀린 것이라는 주장도 나올 수 있다.12

5. 에드워즈는 부흥 운동에서 몸에 일어난 현상을 포함한 감정적인 분출은 기본적인 것이라고 믿었다.

나는 1990년대에 토론토 블레싱Toronto Blessing이 북미를 강타했던 때를 기억한다. 수많은 근본주의자, 복음주의자, 그리고 개혁주의 그리스도인이 감정적인 분출에 의한 운동이라고 정죄하며 날 선 칼과 수류탄 공격을 퍼부었었다.

흥미롭게도, 그 "블레싱blessing"을 주도했던 사람들은 그 현상들이 진정한 부흥의 특색임을 정당화하기 위해 조나단 에드워즈의 저작들을 들먹였다. 그리고 글쎄, 소위 토론토 블레싱이 하나님의 역사였다고 믿든지, 마귀가 한 일 아니면 요술사들의 속임수라고 믿든지, 그들의 주장엔 일리가 있다.

에드워즈가 1990년대 중반에 일어난 모든 일을 두둔하지는 않을 것이다. 그 중에는 괴기한 현상으로 확산되기 시작한 것들도 있지만, 한 가지는 분명하다. 1734년도에 사람들은 에드워즈의 설교에 감정적인 분출로 반응하기 시작했고, 심지어는 몸의 기운이 빠져나가는 현상도 일어났다.

1990년대 중반에 "블레싱을 체험한" 사람들이 그러했듯이 그들 또한 삶에 현저한 변화가 일어났음을 증언했다.13

따라서 주요점은 에드워즈가 감정적인 분출과 다른 육체적 현상을 부흥 운동의 특색으로 보았다는 것이다. 그는 이것이 어떤 사람들에게는 성령의 능력에 대한 그들의 반응이라고 설명했다.14

6. 에드워즈는 신비스러운 체험이 그리스도인의 경험의 한 부분이라고 믿었다.

위의 문장을 읽은 독자들 중엔 지금 당장 기겁을 하는 사람도 있을지 모른다. 내가 이해하는 "신비스러운"의 의미를 정의해보겠다. 이 단어는 사람들을 정죄하거나 또는 높여 부르는 용도로 사용되어왔다.

내가 이해하는 "신비스러운"의 의미는 영적이고 전두엽의 기능 밖에서 일어나는 체험을 가리킨다. 에드워즈의 견해를 묘사하는데 있어, 역사가 헨리 쉘돈은 이렇게 말했다: "그는 신적인 차원의 진실을 묵상함으로써 황홀경이라는 종species에 의해 옮겨졌다."15

에드워즈는 자신이 경험한 것을 "보다view", "나타나다appeared", 그리고 "감지하다sense" 같은 단어들로 묘사했다. 하지만 그는 육안으로 보는 것이나 육체적인 감각으로 감지하는 것을 말하지 않았다. 그 대신, 그가 말한 것은 영적으로 "보는 것"과 영적으로 "감지하는 것"이었다.

한번은 "환상vision"또는 영적으로 보는 것이 그로 하여금 거의 한 시간 동안이나 크게 울게 했던 경우도 있었다. 에드워즈는 이런 류의 체험을 여러 번 경험했다고 했다. 다음은 그가 한 말을 인용하면서 신비스러운 용어들을 이탤릭체로 표기한 것이다.

내가 기이한 것을 보았는데, 그것은 하나님과 사람 사이의 중보자이신 하나님 아들의 영광이었다. 또한 그분의 놀랍고, 위대하고, 충만하고, 순전하고, 달콤한 은혜와 사랑, 그리고 온유하고 부드러운 모습이었다. 너무나도 고요하고 달콤하게 **나타난** 이 은혜는 또한 하늘 위로 크게 **나타났다.** 인격이신 그리스도께서 모든 생각과 관념을 통째로 빨아들이는 엄청난 위엄과 함께 이루말할 수 없이 뛰어난 모습으로 **나타나셨다.** 내가 판단하기로는 그것이 약 **한 시간 정도** 지속되었고, 대부분의 시간을 나로 하여금 **눈물을 홍수처럼 쏟게 하고 크게 울게 만들었다.** 내가 다른 식으로는 표현할 길이 없는데, 내 영혼의 열정이 텅 비워지고 소멸된 것처럼, 먼지 투성이 속에 누운 것처럼, 오직 그리스도로만 충만하고, 거룩하고 순전한 사랑으로 그분을 사랑하고, 그분을 신뢰하고, 그분에 의해 살고, 그분을 섬기며 따르고, 신성한 하늘의 순전함으로 온전히 거룩하고 깨끗하게 된 것처럼 **느껴졌다.** 나는 이것과 아주 흡사한 것을 여러 번 보았고, 그 결과도 같았다.16

당신이 좋아하든 말든 상관없이, 이것은 전부 신비스러운 언어이다. 이것이 "충격적인" 이유는 에드워즈를 흠모하는 사람들 중 개인적인 영적 체험을 이런 식으로 묘사한 사람을 내가 한 번도 만난 적이 없기 때문이다. 은사주의적 칼빈주의자들을 제외하곤.

하지만 나는 그런 체험을 "시리얼 그리스도인Cereal Christian" flake, fruit, nut의 표식mark으로 낙인 찍은 많은 에드워즈의 추종자를 만났다.*

---

* 미국 사람들이 주로 아침 식사로 먹는 시리얼(cereal)의 주성분인 flake, fruit, nut는 다른 사람을 비하하는 속어로도 쓰인다.

7. 에드워즈는 하나님의 통치권이 매 순간마다 하나님이 무nothing에서 우주 전체를 창조하심을 요구한다고 믿었다.

이 점에서 신학자 로저 올슨은 다음과 같이 피력했다:

> 에드워즈는 하나님의 통치권이 매 순간마다 하나님이 무ex nihilo에서 우주 전체와 그 안에 있는 모든 것을 창조하심을 요구한다고 주장했다. 이것은 일반적인 창조설무에서 유를 창조이나 연속 창조설continuous creation을 한참 넘어선 것이다. 그것은 억측이고 위험하다. 그는 또한 하나님이 공간 그 자체라고 주장했다. 그리고 하나님께서 세상을 창조하신 것이 그분의 자유에 속함어느 자유주의자가 볼 때을, 즉 하나님이 얼마든지 다른 식으로 창조하실 수 있음을 거의 부인하는듯하다. 그는 이렇게 말했다: 하나님이 언제나 가장 지혜롭게 행하시지만[이것은 물론 그리스도인이라면 논쟁의 여지가 없는 것이다], 하나님이 전혀 창조하시지 않았을 가능성을 인정해야 한다. 그렇지 않다면, 세상은 하나님에게 조차도 필요 조건이 된다[이것은 은혜를 손상시킨다].17

8. 에드워즈는 알미니안 주의가 무신론을 향해 미끄러지게 하는 비탈길이라고 믿었다.

내 인생을 통틀어 알미니안주의자들은 어린아이나 반려 동물 근처에 오게 해서는 안 된다는 몇몇 그리스도인들을 만난 적이 있는데, 에드워즈가 그런 견해를 가진 것은 아닐 것이다. 하지만 그는 정말 알미니안 주의가 거짓일 뿐 아니라 위험하다고 믿었다. 이에 대해 로저 올슨은 이렇게 기술했:

에드워즈는 그 어떤 류의 알미니안 주의라도, 심지어 웨슬리의 완화된 복음주의적 알미니안 신학 조차도, 하나님의 위대하심을 절대적으로 부인하는 것이라고 여겼고, 또 무신론을 향해 미끄러지게 하는 비탈길로 내딛는 것이라고 여겼다.[18]

끝으로 한 마디 하겠다. 조나단 에드워즈가 하나님께서 크게 사용하신 위대한 사람이었음을 내가 믿는다고 했던가?

다시 은혜로regrace 가보자!

다음 장에서 우리는 개신교의 기초를 놓았다고 인정받는 인물의 쇼킹한 믿음에 관해 살펴볼 것이다.

8 • 마틴 루터가 가졌던 쇼킹한 믿음

> 하나님께서 아무런 제한없이 나를 사랑하신다는 지식은
> 세상에 나가서 같은 방식으로 다른 사람들을 사랑하도록
> 나를 강권한다. 내가 몹시 힘든 사람과 함께 살아야 하기 때문에
> 짜증이 날 수도 있지만, 오직 내가 얼마나 하나님께
> 무례했었는지를 생각하라! 주 예수님의 삶과 부드러움이
> 나를 통해 계속 쏟아져나오도록
> 그분 아주 가까이 있도록 나는 준비되었는가?
> 〈오스왈드 체임버즈〉

많은 그리스도인에게 마틴 루터Martin Luther는 친근한 이름이다. 그는 개신교 개혁의 아버지로 칭송받는 기념비적인 개혁자였다.

랄프 왈도 에머슨은 루터가 세상을 떠난지 약 300년 후에 그에 대해 다음과 같이 말했다: "개혁자 마틴 루터는 역사상 가장 탁월한 사람들 중 하나이고, 콜럼버스를 제외한 그 누구보다도 더 현 세계에 깊은 인상을 남겼다."[1]

루터는 20대 초반에 어거스틴회 수도사가 되었다. 하지만 그는 하나님의 호의를 얻기 위해 기도, 금식, 그리고 과도한 자백으로 지쳐버렸다.

그 이후, 그가 로마서를 읽는 중에 하나님의 은혜와 믿음으로 의롭게 된다는 계시가 그에게 임했다. 그 계시는 그가 변기 위에 앉아 있을 때 임했다고 알려졌었다. 하지만 이 이야기가 틀렸음이 밝혀졌다.[2]

루터의 개혁은 그가 존 테첼John Tetzel이라는 이름을 가진 사람과 맞서면

서 시작되었는데, 그것은 테첼이 성 베드로 성당의 건축을 위해 면죄부를 팔았기 때문이다. 루터는 면죄부가 복음을 왜곡시킨다고 믿었으므로 그것의 남용에 반대했다. 그래서 그것에 대항하면서 그 유명한 95개 조항의 반박문을 썼다.

일반적으로 루터가 그 이슈를 토론하기 위해 학자들을 초청하면서 비텐베르크 성당의 문에 95개 조항을 붙이고 못을 박았다고 알려졌지만, 어떤 역사가들은 그가 과연 문에 그 조항을 실제로 붙였는지에 의문을 갖는다.3

그럼에도 불구하고, 루터의 95 조항은 인쇄술의 발달에 의해 인쇄되어 널리 보급되었다.

루터는 로마 가톨릭교회의 지도자들에게 책망을 받았고, 그의 주장을 철회하고 회개할 자리가 주어졌다. 그러나 그는 그것을 거부했다. 그 결과, 그는 교회에 의해 정죄를 당했고, 이단자의 낙인이 찍혔고, 출교 당했고, 추방 당했고, 황제의 심판을 받았다.

그는 발견되는 즉시 붙잡혀 처형될 운명이었다. 하지만 루터가 색소니의 제후 프레데릭 3세"현자 프레데릭[Frederick the Wise]"에 의해 납치되어 보호를 받았기 때문에 살아남았다.

루터는 일반 사람들도 신약성서를 이해할 수 있도록 그것을 독일어로 번역했다. 그가 집필한 문서가 약 6만쪽 정도 되는데, 그는 진정 이렇게 되기를 바랐다: "내가 쓴 모든 책이 사라져도 오직 성서만큼은 읽혀져야 한다."4

루터는 그의 생애 내내 비방과 무성한 소문의 표적이었다. 그중 하나는 그가 그의 어머니와 마귀 사이에서 태어난 자식이었다는 풍문이었다.5

그를 망신주고, 비난하고, 정죄하는 만화들이 그려졌는데, 그중 하나는 일곱 머리를 가진 괴물로 그를 묘사했다. 이에 대한 그의 반응은 다음과 같았다: "나를 일곱 머리를 가진 괴물로 그린 만화를 보았는데, 내가 천하무적임에 틀림없다. 왜냐하면, 그들은 내 머리가 오직 하나일 때는 나를 이길 수 없기 때문이다."6

1525년에 루터는 그보다 16살 어린 파계한 수녀 카타리나 폰 보라(Katharina von Bora)와 결혼했다.

루터는 맥주와 포도주는 하나님의 선물이라고 생각했다. 그에게 세 개의 고리가 달린 머그잔이 있었는데, 첫 번째 고리는 십계명을 상징하고, 두 번째 고리는 사도 신경, 그리고 세 번째 고리는 주기도문을 상징한다고 했다.7

루터가 그리스도의 몸에서 잃어버렸던 놀라운 진리를 회복했음에는 의심의 여지가 없다. 그는 타락한 교회에 맞서 선지자로 활약했다. 그는 믿음으로 의롭게 된다는 교리를 회복했고, 하나님의 사람들을 율법주의에서 해방시켰고, 또 인간 중개자들을 통해 하나님께로 나아가야 하는 요구에서 해방시켰다. 그는 성서를 하나님 사람들에게 돌려주었다. 아울러, 음악을 회복하고 찬송을 부르는데 있어 그리스도의 몸에 크게 일조했다.8

더 읽어나가기 전에, 다음을 유념하라:

루터가 살았던 16세기에는, 삶이 각박하고 고통스러웠고, 일반적으로 사람들은 난폭했다. 이 점에 관해 이해를 돕기 위해 다음의 시나리오를 상상해보라. 지금부터 2백년 후의 그리스도인들이 오늘 우리가 매일 사용하는 물건에 의해 지구가 파괴되고 있음을 발견한다고 가정해보자. 그들은 아마 이렇게 생각할 것이다: 21세기에 살았던 그리스도인들은 어떻게 그토록 자기중심적이고 악했을까? 말하자면, 우리는 시대를 역행해서 루터, 칼빈, 그리고 다른 사람들이 살았던 때로 가서 그들을 이해해야 한다.

다시 강조하자면, 이 장, 그리고 이 책의 요지는 당신으로 하여금 다음과 같은 결론을 내리게 함이 아니다: "이런, 이 사람들 참 끔찍하네. 그들을 도마 위에 올려놓아야 해!" 실은 정반대이다. 만일 복음주의 기독교의 토대를 놓은 위대한 신학자들이 어떤 것들에는 아주 옳았고 또 다른 것들에는 아주 틀렸다면, 우리는 정녕 오늘날 우리와 다른 견해를 가진 동료 형제, 자매들에게 더 관용적이고, 예의 바르고, 너그러울 필요가 있다.

이것을 전제로 하고, 아래는 위대한 개신교 개혁자 마틴 루터가 가졌던 쇼킹한 믿음의 일부이다.

1. 루터는 유대인들이 박해받아야 마땅하다고 믿고 그들을 멸시했다.

루터가 처음엔 유대인들에게 동정적이었고, 그들을 학대하는 로마 가톨릭 교인들에 비판적이었다. 왜냐하면, "그들을 개처럼 대해서" 그들이 예수 그리스도께로 오는 것을 힘들게 했기 때문이다.[9]

하지만 그는 15년 후에 생각을 완전히 바꿔 그의 글에서 유대인들을 맹비난하기 시작했다.[10]

가장 친한 친구들이 유대인을 향한 그의 공격을 반대했음에도 불구하고, 루터는 수그러들지 않았다. 사실, 루터는 죽기 얼마 전 이렇게 말했다: "그들을 죽이지 못한 것이 우리의 잘못이다!"[11]

교회 역사가 롤란드 베인턴Roland Bainton은 만일 루터가 유대인을 향해 맹렬히 공격하는 글을 쓰기 전에 죽었다면 아마 좋았을 것이라고 피력했다.[12]

루터는 그의 저서 *On the Jews and Their Lies*유대인들과 그들의 거짓에 관해서에서 다음과 같이 말했다.

> 나는 그들의 집 또한 완전히 헐고 파괴하기를 권고한다… 우상, 거짓, 저주, 그리고 신성모독을 가르치는 그들의 기도책과 탈무드를 빼앗도록 권고한다… 그들의 선생들이 이후로는 목숨과 신체를 잃는 고통에 관해 가르치기를 금하도록 권고한다… 공공도로에서의 유대인들의 안전 통행이 철폐되기를 권고한다… 그들의 고리대금업이 금지되기를 권고한다. 즉, 그들의 모든 현찰과 금은보화를 압수해서 보관해야 한다… 만일 이것이 실현되지 않는다면 우리는 그들을 미친개들처럼 쫓아내야 한다. 그렇게 해서, 우리가 그들의 끔찍한 신성모독과 그들의 모든 죄악에 참여하지 않으므로써 그들과 함께 하나님의 진노를 받고 심판받지 않기 위함이다.13

그리고 그는 또 이렇게 말했다.

> 요약하자면, 그들은 저주받고 지옥으로 떨어질 마귀의 자식들이다. 만일 그들안에 조금이라도 사람다운 것이 남아있다면 이 글이 도움될 수 있을 것이다. 그런 사람이 있을 것이라는 커다란 희망을 갖는 사람도 있을 수 있겠지만, 나에게 그런 희망은 없다. 나는 [그런 희망을 지지해줄] 어떤 성서의 본문도 알지 못한다.14

유대인들에 대한 루터의 이슈가 인종차별적이지 않고 신학적으로 보였음을 주목하라.15

루터는 그들이 예수님을 거부한 것에 좌절했고, 어떤 방법으로도 그들을 납득시킬 수 없었다. 이 점에서, 그는 이렇게 말했다.

> 내가 이교도, 유대인, 터키인, 또는 이단자와 함께 먹고, 마시고, 자고, 걷고, 마차를 타고, 그에게서 물건을 사고, 그에게 말하고, 그를 상대할 수 있듯이, 또한 그와 결혼해서 계속 결혼생활을 유지할 수도 있다. 그것을 금하는 멍청이들의 가르침에 관심을 갖지 말라… 이교도는 성 베드로, 성 바울, 그리고 성 루시에 못지 않은, 하나님께서 좋게 창조하신 남자 또는 여자이다.16

루터는 또한 그의 역사주의적 종말론 때문에 유대인들을 맞서 싸웠다. 그것은 터키인과 교황과 유대인을 마귀의 주도 아래 그리스도인들을 쓸어버리기로 설계된 마지막 때의 거대한 연합체로 보는 견해이다.17

2. 루터는 결혼과 성에 관해 여러 쇼킹한 견해를 갖고 있었다.
여기에 몇 개의 예를 들자면:

> 여자가 남편에게 저항하고 부부의 의무를 거부할 때 그녀는 그에게 부여된 몸의 다른 쪽을 강탈하는 것이다. 이것은 결혼에 아주 어긋나는 것이고 결혼을 파탄시키는 것이다. 이런 이유로, 시 정부는 그 아내를 강제로 하도록 시켜야 하고, 그렇지 않을 때는 그녀를 사형에 처해야 한다. 만일 정부가 실행하지 못한다면, 남편은 강도들에게 아내를 도둑맞아서 그녀가 그들에 의해 죽임을 당했으므로 다른 여자를 구해야 한다고 주장해야 한다. 우리는 마치 사람이 자신의 목숨을 잃은 것처럼 여기고 그것을 반드시 받아들여야 한다. 그런데 만일 아내가

남편에게서 자신을 도둑질 하거나 다른 사람들에 의해 도둑질 당한다면, 어째서 우리는 그것을 받아들이지 않아야 하는가?18

이혼에 관해서는, 그것이 허용되어야 할지 아직도 논쟁의 여지가 있다. 나에게 있어서, 내가 중혼을 선호하므로 이혼을 몹시 혐오하지만, 그것이 허용되어야 하는지에 대해서는 내가 감히 결정하려 하지 않는다.19

나로서는, 내가 어떻게 일부다처제를 막을 수 있을지 알 수 없음을 고백한다. 한 번에 여러 아내를 거느리는 사람들을 반대할 말이 신성한 책에 한 마디도 없지만, 해서는 안 된다고 여겨지는 많은 것이 허용된다. 그 중의 하나가 중혼이다.20

3. 루터는 히브리서, 야고보서, 유다서, 그리고 요한계시록이 정경에 속함을 부인했다.

그는 두 가지 이유에 의해 그렇게 믿었다. 하나의 이유는 그가 이 책들이 *sola gratia*오직 은혜로와 *sola fide*오직 믿음으로 같은 개신교 교리에 어긋난다고 믿었기 때문이다. 다른 이유는 다른 사람들이 이 책들을 정경에 포함시키는 것에 의문을 품었기 때문이다.21

루터는 그가 쓴 신약성서의 서문에서 신약성서의 여러 책들에 각각 다른 등급의 교리적 가치를 부여하면서 다음과 같이 서술했다.

간단히 말하자면, 요한의 복음과 그의 첫 번째 편지, 바울의 편지들, 특히 로마서, 갈라디아서, 에베소서, 그리고 베드로의 첫 번째 편지는 그리스도를 보여주고 당신이 알아야 할 꼭 필요하고 안전한 모든 것을 가르쳐준다. 당신이 다른 책이나 교리를 전혀 보거나 듣지 못했을 지라도. 그러므로 야고보의 편지는 위에서 언급한 편지들과 비교할 때 정말 지푸라기 수준의 편지이다. 왜냐하면, 그것엔 복음의 본질이 들어있지 않기 때문이다. 하지만 다른 편지들의 서두에는 이것이 더 많이 들어있다.[22]

또 다른 곳에서 그는 이렇게 말했다.

이 야고보의 편지가 옛 선조들에게는 거부되었지만 나는 그것에 찬사를 보내고 또 좋은 책으로 여긴다. 왜냐하면, 그 편지가 사람의 교리를 세우지 않고 하나님의 율법을 세차게 선포하기 때문이다. 그러나 그것에 관한 나 자신의 견해를 밝히자면, 내가 아무에게도 선입견을 가지고 있지 않더라도, 나는 그것이 사도가 쓴 글이라고는 여기지 않는다.[23]

4. 루터는, 농민 전쟁에서 행해졌듯이, 정부에 대한 불순종은 혹독하게 처벌해야 함이 정당하고, 심지어는 그것이 하나님의 명령이라고 믿었다.

처음에는, 루터가 농민들의 편에 섰었다. 그는 그의 저작 『평화를 위한 제언Admonition to Peace』에서 이것을 분명히했다. 그는 그 충돌의 원인을 지배자들에게 돌리고 그들을 비난했다. 그의 견해는 지배자들이 농민들을 책임져야 한다는 것이었다.

하지만 그는 농민들의 난폭한 행위를 지켜본 후에 그의 태도를 바꾸었다. 루터는 그의 논문 「농민 폭도들의 강탈과 살인에 반대함Against the Robbing and Murdering Hordes of Peasants」에서 귀족들에게 다음과 같이 권고했다.

더구나, 폭동을 선동한다고 확인될 수 있는 사람은 하나님과 황제 앞에 무법자이다. 그리고 그를 제일 먼저 사형시키는 사람은 누구든지 옳고 잘 하는 것이다. 왜냐하면, 만일 누가 대놓고 반란을 일으키면 모든 사람이 그의 심판관이고 그의 사형 집행자이기 때문이다. 이것은 마치 불이 났을 때 제일 먼저 그 불을 끄는 사람이 가장 잘 하는 것과 마찬가지이다. 왜냐하면, 반란은 그저 단순한 살인이 아니고, 나라 전체를 파괴하고 마비시키는 대형 화재와 같기 때문이다. 따라서 반란은 최악의 재앙처럼 온 땅에 살인과 피바람을 불러오고, 과부와 고아를 양산하며, 모든 것을 뒤집어놓는다. 그러므로 할 수 있는 모든 사람은, 반란을 일으키는 자보다 더 악하고, 해롭고, 마귀적인 사람은 없음을 상기하고, 비밀리에 또는 거리낌없이 때리고, 죽이고, 칼로 찌르도록 하자. 그것은 마치 사람이 미친 개를 잡아죽여야 하는 경우와 같다. 만일 당신이 그 개를 해하지 않으면 그 개가 당신을 해할 것이고, 또 당신과 함께 나라 전체를 해할 것이다.24

이 점에 관해서, 역사가 H. A. L. 피셔는 다음과 같이 피력했다.

그[루터]가 농민 반란에서 스스로를 분리시킨 태토는… 그리고 그가 독일 농민들을 유럽의 중부나 서부의 어떤 사회 계급보다 더 무방비 상태로 멸시당하게끔 방치해서 아주 야만적인 일련의 탄압을 가하도록 독려한 것은 그의 좋은 평판에 심각한 오점을 남겼다. 독일 농민들이 거친 사람들이었고 또 거친 투사들이었지만 그들의 불만은 진짜였

고, 처음부터 그들이 요구한 것들은 정당하고 합리적이었다.25

이 문제에 관하여 루터가 했던 말을 더 인용해보자.

> 현명한 사람은 이렇게 말한다, "농민들에게 짚을.*Cibus, onus et virga asino*" 그들은 미쳐서 말씀을 듣지 않을 것이고, 따라서 매를 맞아야 한다. 즉, 그들에게는 총이 어울린다. 우리는 그들이 복종할 수 있도록 그들을 위해 기도해야 한다. 만일 그들이 복종하지 않는다면, 사격명령이 내려져야 한다. 그렇게 하지 않는다면, 그들이 상황을 천 배나 더 악화시킬 것이다.26

> 설교자들은, 그들이 지배자로 하여금 의무를 수행하고 죄인을 심판하도록 권고하기 때문에 최고의 살인자들이다. 나 마틴 루터는 반란을 일으킨 모든 농민들을 죽였는데, 그것이 내가 그들을 죽이라고 지시했기 때문이다. 따라서 그들이 흘린 모든 피는 나의 책임이다. 하지만 나는 그 모든 것을 우리 주 하나님께로 돌린다. 하나님께서 그렇게 하도록 말하라고 나에게 명령하셨기 때문이다. 마귀와 사악한 자들도 사람을 죽이지만, 그들에게는 그렇게 할 권리가 없다. 따라서 치안 판사들이 법대로 심판을 하고 그들이 맡은 직권으로 사형에 처할 수 있도록 사제들과 관료들을 잘 구분해야 한다. 오늘날 그들은 하나님의 은혜로 이것을 제대로 배웠다. 그들이 지금 복음에 반하여 그들의 권세를 남용하지만 그것으로부터 멀어지지는 않을 것이다.27

5. 루터는 이단자들을 사형시켜야 한다고 믿었다.

1530년까지, 루터는 신성모독이 사형에 해당한다고 믿었는데, 여기에 "거짓 교훈"도 포함시켰다.28

1536년에 필립 멜란히톤Philip Melanchthon은 모든 재침례교도의 사형을 요구하는 문서를 작성했는데, 거기에 루터가 서명을 했다.29

6. 루터는 노를 품고 글을 쓰는 것, 비속어를 사용하는 것, 그리고 그의 대적들을 욕하며 창피를 주는 것은 정당하다고 믿었다.

만일 당신이 루터의 좋지 않은 면을 접한다면, 몸을 숨기는 것이 현명할 것이다.

그가 한 말을 주목하라.

> 화를 내는 것은 나의 모든 피를 맑게 해주고, 나의 마음을 예리하게 해주고, 시험 거리를 퇴치해준다… 나는 광신도들과 마귀와 싸우기 위해 태어났다. 따라서 나의 책들은 매우 거세고 호전적이다.30

교회사에 조예가 깊은 사람들은 루터의 몰인정하고 거친 어조와, 화를 내고 옹고집 부리는 습성을 잘 알고 있다. 아울러, 그는 욕하는 것을 숨기지 않았다. 이 점에 관해서 루터는 이렇게 말했다.

> 나는 내가 지나칠 정도로 과격하다는 것을 부인할 수 없다… 하지만 그들은 극악무도하고 흉악하게 나와 하나님의 말씀에 공격을 가한다… 이 괴물들은 중용의 범위 너머로 나를 끌고 간다.31

그리고 또 이렇게 말했다.

> 우리는 교황, 추기경들, 그리고 교황을 우상시하고 신성시하는데 속한 쓰레기들 전부를 잡아서 신성모독죄를 씌워 혀를 안쪽에서부터 잘라내야 한다. 그리고 교황의 칙서에 인장을 거는 순서대로 그들을 교수대에 매달아야 한다. 하지만 그들의 신성모독과 우상숭배에 비하면 이 모든 것은 가벼운 것이다.32

루터는 비속어를 사용하는 것이 허용될 수 있다고 믿었다. 예를 들어, 그는 유대인 랍비의 성서 해석을 "유대인의 오줌통"이라고 불렀다.33

그는 그의 대적인 가톨릭교도들을 향해 이렇게 질타했다: "너희 천박하고 무식한 가톨릭 놈들아, 너희가 적어도 한번은 성서의 근거를 가지고 와야 하지 않는가? 내가 얼마나 자주 너희들에게 고함을 쳐야 하는가? 성서, 성서, 성서! 너희 멍청한 염소여, 천박한 나귀여, 너희는 내 말이 들리지 않는가?"34

이 점에 관해서, 에라스무스Erasmus는 루터에 대해 다음과 같이 말했다고 알려졌다: "하나님께서 이 마지막 때에 기존에 있던 질환의 심각성에 준하는 난폭한 의사 한 명을 보내셨다."35

루터는 언젠가 이렇게 선언했다고 알려졌다.

> 나는 식사 후에 그것을 쓴다. 하지만 그리스도인은 술에 취해서도 가톨릭 놈들이 멀쩡할 때보다 말을 더 잘 할 수 있다.36

루터의 동역자인 멜란히톤은 루터가 쓴 거친 글에 대해 "부인할 수도,

변명할 수도, 칭송할 수도 없음"을 시인했다.37

모든 것을 감안할 때, 그가 쓴 많은 책 속에 산재해있는 참고할 만한 표현과 거친 말투는 전부 합해서 단 두 페이지 정도 될 것이다.38

7. 루터는 모든 육체의 질병이 사탄의 역사라고 믿었다.

루터의 견해는, 마귀가 믿는 자들로 하여금 예수님을 저버리게 하기 위해 질병과 질환을 사용한다는 것이었다. 그는 질병의 원인이 마귀라는 것을 의사들이 인식하지 못한다 할지라도 그들을 굳건히 인정했다.39

8. 루터는 개혁자들 중 그를 반대하는 사람 몇몇을 조롱하고 경멸했다.

루터는 종종 동료 개신교 개혁자들과 부딪혔다. 안드레아스 칼슈타트 Andreas Karlstadt는 1512년 루터에게 박사 학위를 수여한 비텐베르크 대학교의 교수였다. 하지만 이 두 사람은 블랙 베어 태번Black Bear Tavern에서 열띤 논쟁을 벌였고, 이후로 이 두 사람 사이에 피를 부르는 교리 전쟁이 시작되었다.

루터는 그가 발행한 간행물에서 칼슈타트를 조롱했다. 그들은 "이것은 내 몸이다."라는 말의 의미에 이견을 보이며 주의 만찬을 놓고 크게 부딪혔다.

루터의 눈에는, 칼슈타트와 스위스의 개혁자 쯔빙글리Zwingli가 "고의로 거짓말하는 자", "분파 지도자", 그리고 "성서에 익숙치 않은 초보자"였다.40

루터는 언젠가 쯔빙글리를 경멸하며 이렇게 말했다: "나는 견과류가 괜찮을 줄 생각하고 덥석 물곤 하는데, 벌레 먹은 것이기 일쑤이다. 쯔빙글리와 에라스무스는 입에 쓰레기 같은 맛이 나는 벌레 먹은 견과류일 뿐

이다!"⁴¹

루터와 다른 개혁자들 사이의 불화는 오늘날까지 이어지는 개신교 지도자들 사이의 무례한 토론과 비협조의 본보기가 되었다.

루터의 과격함이 재침례교도들을 향해서는 한층 더 심했다. 그는 그들을 "광신도"와 "선동적인 폭도"로 혹평했다.⁴²

루터는 1532년에 다음과 같이 언급했다: "그래서 재침례교도들은 세례 자체를 거의 다 거부한다. 그것을 왜곡시킨 교황조차도 세례는 유지되도록 허락했다."⁴³

· · · · · ·

현대 교회 관습의 기원에 관심이 있는 사람들을 위해 역사적으로 주목할 만한 사실 두 가지를 소개한다. 이것들은 쇼킹한 믿음은 아니지만 역사의 흥미로운 고찰이다.

[1] 루터는 종교 개혁의 새 성직자를 일컬어 사제라는 단어를 사용하지는 않았지만, 그 사역은 본질적으로 같았다.

그는 다음과 같이 피력했다.

> 우리는 사람들 앞에서 말씀과 의식을 담당하는 사람들에게 사제라는 이름을 붙여줄 수 없고 또 그렇게 해서도 안 된다. 그들이 사제라고 불려온 이유는 이교도들의 관습이거나 유대교의 잔재 때문이다. 그것의 결과는 교회에 아주 해롭다.⁴⁴

하지만 내가 나의 책 『이교에 물든 기독교』에서 지적했듯이 종교 개혁 때 가톨릭의 사제와 개신교의 목사 사이에 바뀐 것은 별로 없었다. "사제"가 "설교자", "사역자", 결국은 "목사"로 탈바꿈했다.

가톨릭 사제들은 종교 개혁 당시 일곱 가지의 의무를 가졌다: 설교, 성사, 양떼를 위한 기도, 절제되고 경건한 삶, 교회 의식, 가난한 자를 구제함, 병든 자를 방문함. 개신교 목사도 이것들 전부를 스스로에게 책임지웠고, 때때로 시민 행사에 가서 축복하는 것을 첨가했다.

저명한 시인 존 밀턴John Milton은 이것을 요약하며 다음과 같이 말했다: "새 장로가 옛 사제보다 한 술 더 뜬다."45

달리 말하자면, 루터가 종교 개혁에 있어 새 사역을 로마 가톨릭 사제들이 가졌던 똑같은 종교 의식에 대한 책임과 동일시하면서, 사제와 새 사역에 관한 견해를 기록한 방식 때문에 새 직함을 가진 개신교 목사가 사제보다 더 낫다고 생각했다.

[2] 루터는 에클레시아를 "church"라는 단어로 번역하는 것을 몹시 싫어했다.

저명한 신학자 에밀 브루너Emil Brunner는 이 점에 관해서 다음과 같이 말했다.

> 기독교의 가장 위대한 스승들 가운데, 마틴 루터는 신약성서의 에클레시아와 제도권 교회 사이의 차이를 가장 명확하게 인지했고, 이 둘을 동일시하려는 *quid pro quo* 대가성 거래에 반대하여 가장 예리하게 반응했다. 그러므로 그는 "church"라는 단순한 단어를 용인하기를 거부했고, 그것을 "애매하고 모호한" 단어라고 불렀다. 그는 성서를 번역할 때 신약성서의 "에클레시아Ecclesia"를 "회중congregation"이라

고 일컬었다... 그는 신약성서의 에클레시아를 단지 "it그것", "a thing 어떤 것", "institution제도 또는 기관"이 아닌, 개인들의 연합, 사람들, 공동체…라고 인식했다.

"church"라는 단에 대한 루터의 혐오감이 컸지만, 역사의 진실은 더 컸음을 증명한다. 종교 개혁 당시와 종교 개혁 이후 시대의 언어학적 사용법은 아주 강력하게 발전된 교회의 사상을 담은 용어들로 귀결되어야 했다. 그리고 결과적으로 이 "애매하고 모호한" 단어의 사용에 따른 모든 혼란이 종교 개혁 신학에 파고들었다. 시계를 1500년 뒤로 돌리는 것은 불가능했다. "church"라는 개념은 이 1500년 간의 역사적 과정에 의해 돌이킬 수 없이 형성된 채로 남았다.[46]

나는 이 말에 동의하는 편이지만 그것이 위대한 개혁자에 관해 흥미로우면서도 별로 알려지지 않은 사실이다.

결론적으로, 만일 당신이 루터의 팬fan이라면 당신이 믿기에 신학적으로 틀린 동료 그리스도인을 만났을 때 좀 더 은혜롭게 대하기를 바란다. 왜냐하면, 개신교 개혁의 지도자조차도 모든 것을 명확하게 보지 못했기 때문이다.

이제 역사상 가장 영향력있는 크리스천 지도자들 중 한 사람에게 관심을 돌려보자.

9 • 존 칼빈이 가졌던 쇼킹한 믿음

> 예수 그리스도를 향한 당신의 충성과 경쟁하려는 모든 것을 조심하라.
> 예수님을 향한 진정한 헌신의 가장 큰 경쟁자는 우리가 그분을 위해
> 행하는 사역이다. 사역을 하는 것이 우리 인생을 그분을 향해
> 완전히 쏟아붓는 것보다 더 쉽다. 하나님께서 부르신 목표는
> 그분의 만족을 위함이지, 단지 그분을 위해
> 우리가 뭔가를 해야하는 것이 아니다.
> 〈오스왈드 체임버즈〉

존 칼빈John Calvin은 오늘날도 여전히 번성하고 있는 신학인 개혁 신학의 발전에 중요한 역할을 했다. 신학의 거장으로 칭송받는 프랑스의 개혁자로서, 그의 저작들은 21세기에도 여전히 살아 숨쉬고 있다.

칼빈은 2세대 개혁자였다. 그는 마틴 루터보다 26살이 어리다 법률가로 훈련받은 그는 예리한 분석적 사고력을 소유했다.

누구 말을 들어도, 칼빈은 지적인 사람이었다. 그는 불과 27살의 나이에 유명한 『기독교 강요Institutes of the Christian Religion』의 원본을 집필했고, 그의 생애를 통틀어 그것을 개정했다. 어떤 사람들은 기독교 강요를 역사상 가장 영향력있는 단 하나의 신학 저작으로 간주한다.

칼빈은 1530년과 1533년 사이 언젠가에 영적 회심을 경험하고 1537년에 종교 개혁 운동에 가담했다.

당신이 칼빈의 신학 체계에 동의하든지 하지 않든지, 존 칼빈이 오늘날의 기독교에 복음주의의 여러 영역을 포함해서 지울 수 없는 흔적을 남겼다는 사실

에는 의심의 여지가 없다.

그리고 칼빈도 대단히 영향력있는 모든 그리스도인처럼 칭송받고 두들겨 맞고, 사랑받고 미움받고, 흠모받고 혐오받아왔다.

예를 들어, 다음의 인용구들을 숙고해보라.

> 여자에게서 태어난 모든 사람 중에, 존 칼빈보다 더 위대한 사람은 나타나지 않았다. 그의 이전 시대에도 그와 필적한 사람은 없었고, 이후에도 그의 경쟁자는 없었다. 신학에 있어서, 다른 지도자와 교사들은 혜성이 우주 공간을 가로지르듯 다 먼 거리에서 그를 중심으로 원을 그리며 그의 영광이나 영속성에 도저히 미치지 못할 때, 그는 변함없이 찬란한 별처럼 빛을 발하며 우뚝 서있다. 내 나이가 들수록 존 칼빈의 체계가 완벽함에 근접했었음이 더욱 명확하게 보인다.[1]
> - 찰즈 스펴젼

> 그의 모든 결함을 감안하더라도, 그는 하나님께서 기독교 역사에 일으키신 가장 크고 위대한 사람들 중의 하나로 간주되어야 한다.[2]
> - 필립 샤프

> 우리가 제네바의 사도로 여기는 유명한 칼빈은 자신을 개신교의 교황 계급으로 올려놓았다. s'érigea en pape des Protestants [3]
> - 볼테르

월 듀란트Will Durant에 의하면, 칼빈은 "설교자, 관리자, 신학 교수, 교회들과 학교들의 감독관, 법원의 고문, 그리고 공공 윤리와 교회 의식의 조정관으로서 하루에 12시간에서 18시간을 일했다."4

칼빈은 54세에 세상을 떠났지만 그의 짧은 생애 동안 믿을 수 없을 정도로 많은 결실을 맺었다. 칼빈은 20대 초반 이후로 일주일에 평균 다섯 번의 설교를 했고 성서 거의 모든 책에 주석을 썼다.

다음은 칼빈의 윤리나 신학적 진실성에 대해 논쟁할 의도로 쓴 것이 아니다. 많은 사람이 여전히 소중히 여기는 그의 신학 체계를 포함해서 그 말을 해석하자면 곧 "반 칼빈anti-Calvin"을 고수하는 사람들 못지않게 존 칼빈이라면 무조건 칭송 일변도인 사람들에게 진정하라는 뜻이다.

칼빈을 흠모하는 사람들과 함께, 목소리를 크게 높여 "칼빈을 비방하는" 그룹이 존재한다. 종종, 칼빈의 신학을 반대하는 사람들은 존 칼빈 개인을 공격하는 것을 칼빈주의의 신학 체계를 폄하하는 수단이라고 생각하지만 그렇지는 않다.

나는 칼빈이 믿었던 모든 것에 동의하지는 않지만 그와 그의 업적을 높게 평가한다. 당신이 이 장을 다 읽었을 때 칼빈의 모든 견해가 예수님의 가르침과 일치하지 않음을 인정할 것이라고 생각한다. 이 사실 하나만으로도 우리가 교리적으로 동의하지 않는 사람들을 향해 더욱더 관대해야 함을 알 수 있다.

1. 칼빈은 회개하지 않는 어떤 이단자들은 사형시키는 것이 정당하다고 믿었다.

16세기에는 교회와 정부가 합쳐져서 공생하는 관계였음을 명심하라. 따라서 극심한 이단은 사형에 처해졌다. 그것이 사회를 무정부 상태와 영원한 죽음으로 인도한다고 간주되었다. 당대의 그리스도인들 대부분은 재침례교도를 제외하고는 이단자들에 대한 사형을 받아들였다. 하지만 이것

은 별개의 이야기이다

이 사회적으로 받아들여진 믿음의 가장 좋은 예는 삼위일체설과 유아세례를 부인했던 마이클 세르베투스Michael Servetus의 사형에 칼빈이 동의했을 때이다. 세르베투스는 예수님이 하나님의 아들이라는 정통 교리를 부인했다.5

세르베투스는 30분 동안이나 불에 타서 죽었다. 왜? 그것은 단순히 그의 신학적인 견해 때문이다. 글쎄, 그것은 실제로 불이 정말 뜨거웠기 때문이었다. 하지만 당신은 내가 무슨 말을 하는지 감을 잡을 것이다.6

존 칼빈의 지지자들은 위대한 개혁자가 그 사람을 직접 사형시키지 않았다고 곧바로 지적한다. 그리고 그가 심지어 세르베투스에게 제네바로 오지 말라고 설득하려 했다고 그들은 지적한다. 칼빈은 또한 세르베투스에게 회개하라고 촉구했고, 화형 대신 참수로 덜 잔혹한 사형을 그에게 허용해주려고 했다.

그렇다 할지라도, 칼빈은 이단자를 사형시키는 것이 정당하다고 믿었음을 드러내며 세르베투스에 대해 다음과 같이 말했다.

> 하지만 나는 그의 안전에 대해 보장하는 말을 해줄 생각이 없다. 왜냐하면, 나에게 권한이 있다면 그가 [제네바]로 온다고 할 때 살아서 나가는 것을 결코 허락하지 않을 것이기 때문이다.7

칼빈은 다음과 같이 주목받을 만한 말을 했다: "나는 세르베투스가 사형에 처해지기를 바라지만 [화형]의 잔혹함 만큼은 피했으면 한다."8

사형이 실시된 지 9년 후에, 칼빈은 그의 비평가 프랑수아 보두앵Francois Baudouin에게 답하면서 다음과 같이 말했다.

세르베투스가 그의 이단 사상 때문에 정죄를 받았지만 그것이 나의 뜻이었을까? 틀림없이 불신앙에 못지않은 그의 교만이 그를 죽인 것이다. 그리고 우리의 협의회가, 물론 나의 권고에 의해 여러 교회들의 의견을 규합해서 한 것이지만, 그의 저주받은 신성모독에 보복을 가했다면 내가 무슨 죄를 지었단 말인가?
보두앵이 원한다면 나를 욕하게 하라. 멜란히톤의 판단대로, 치명적인 괴물 하나를 교회에서 제거했으므로 후대가 나에게 고마워해야 할 빚을 졌다면 말이다.9

칼빈은 또 이렇게 말했다.

지금 이단자들과 신성모독자들에 대한 사형이 부당하다고 항의하는 자는 누구든지 다 알고도 고의로 그들의 그 죄를 자초하는 것이다. 이것은 인간의 권세가 정한 것이 아니다. 그것은 하나님께서 그분의 교회를 향해 영구적인 규례를 말씀하시고 규정하신 것이다.10

칼빈과 동시대에 살았던 사람들 중 하나인 세바스찬 카스텔리오Sebastian Castellio는 그에 대해 이렇게 말한 것으로 알려졌다.

만일 그리스도 자신이 제네바에 오셨다면 십자가에 못박히셨을 것이다. 왜냐하면, 제네바는 그리스도인의 자유와 무관한 곳이기 때문이다. 그곳은 새로운 교황칼빈을 가리킴 곧 사람들을 산채로 화형시키는 사람이 통치한다. 로마에 있는 교황은 적어도 그들을 먼저 교수형에 처하지만 말이다.11

듀란트는 칼빈에 대해 카스텔리오가 느낀 점을 요약하면서 이렇게 피력했다.

> 그리스도께서 성인의 침례adult baptism를 옹호하는 사람을 산채로 화형시키라고 지시하시는 것을 우리가 상상할 수 있겠는가? 이단자를 죽이라고 요구하는 모세의 율법은 그리스도의 법으로 대체되었다. 그리스도의 법은 자비를 베푸는 것이지 압제하고 공포에 떨게하는 것이 아니다.12

당신이 칼빈의 견해에 동의하거나 그가 "그 당시에 살았던 사람"이므로 그의 행위를 옹호하든지 하지 않든지 관계없이, 오늘날 많은 그리스도인은 이단자들을 사형시켜야 한다는 생각을 쇼킹하게 받아들인다. 하지만 교회사를 통틀어 볼 때 그것은 널리 받아들여졌다.13

2. 칼빈은 주의 만찬이 확실한 영생의 확신을 준다고 믿었다.

칼빈은 주의 만찬 의식이 "우리의 마음에 확실한 영생의 확신을 주고, 또한 우리 육체의 불멸을 보장해준다"고 말했다.

이것과 관련해서, 칼빈은 그리스도께서 어떻게 의식에 임재하시는지를 설명한다. 칼빈에게 있어, 믿는 자들은 영적으로 그리스도와 연합되어 있다. 그것은 그리스도가 내려오셔서 떡과 잔에 육체적으로 임재하신 게 아니라, 영적인 의미로 믿는 자들이 주의 만찬을 거행하는 동안 영적으로 예수님과 연결되기 위하여 하늘로 올리우는 것이다.14

3. 칼빈은 그를 반대하는 사람들을 악질적인 이름으로 공격하는 것이

합당하다고 믿었다.

칼빈은 자신을 비판하는 사람들을 "돼지의 항문', '쓰레기', '개', '멍청이', 그리고 '역겨운 짐승'"이라고 부르며 경멸했다.15

이런 맥락에서, 칼빈은 위대한 아나뱁티스트 지도자였던 메노 시몬즈 Menno Simons에 대해 다음과 같이 말했다.

> 이 당나귀보다 더 오만하고, 더 무모한 것은 없다.16

4. 칼빈은 구약성서의 어떤 사형에 해당하는 범죄들에 대해서는 오늘날에도 집행되어야 한다고 믿었다.

제네바 시는 부분적으로 성직자에 의해 통치되었다. 하지만 상당한 기간 동안 칼빈의 목소리가 그 도시에서 가장 영향력이 있었다. 한 역사가는 이렇게 말했다: "1541년부터 그가 사망한 1564년까지, 그의 목소리는 제네바에서 가장 큰 영향력을 행사했다."17

칼빈이 제네바에서 살았을 동안 그에 관한 몇가지 사실을 아래에 소개한다.111

- 듀란트에 의하면, "어린아이들이나 가축을 돌보기 위해 집에 남아야 할 경우를 제외하곤, 가족 전체가 일요일에 설교를 들으러 가야 했다. 만일 주중에도 설교가 있을 때 정당한 이유가 없다면 올 수 있는 사람은 모두 와야 했다. 그렇게 해서 가족 중 적어도 한 명은 참석하게 되도록."18
- 만일 누가 설교가 시작된 후에 예배에 도착하면 경고를 받았고, 이런 일이 계속되면 벌금을 내야 했다.19

- 이단은 "하나님께 모독이고 나라에는 반역이므로 사형에 처했다."[20]
- 마법(witchcraft)은 사형에 해당하는 죄였다. 1년 안에, 마녀로 알려진 14명의 여자가 사탄으로 하여금 제네바를 재앙으로 피해를 입히게 했다는 죄목으로 화형을 당했다.[21]
- 성직자들은 "사냥, 도박, 연회, 상업, 세속적인 오락"을 삼가야 했고, "교회 상급자들의 연례 방문을 받아들이고 도덕적 면밀 조사를 받아야 했다."[22]
- "도박, 카드놀이… 빈번한 주점 방문, 춤 추기… 부적절하거나 비 신앙적인 노래,… 천박한 옷차림"은 전부 금지되었다.[23]
- 옷 입을 때 허용되는 색깔과 분량, 그리고 식사 때 허용되는 그릇의 숫자는 법에 명시되었다.[24]
- 여자가 야하게 머리를 하면 감옥에 가두었다.[25]
- 아이들의 이름을 가톨릭 달력에 있는 성인들의 이름을 따서 지으면 안 되고, 구약성서의 인물을 따라 짓는 것이 권장되었다. 자기 아들의 이름을 아브라함(Abraham) 대신 클로드(Claude)로 짓겠다고 고집 부리던 아버지는 나흘 동안 감옥에 가야 했다.[26]
- 칼빈이나 성직자들에 대해서 무례한 말을 하면 범죄였다. 이 법을 처음 어기면 견책을 받고, 그 다음에는 벌금형에 처하고, 계속되면 감옥형 또는 추방형에 처했다.[27]
- 칼빈의 설교를 조롱하거나 거리에서 그에 대해 심한 말을 하면 범죄였다.[28]
- 음행을 하면 유배를 가거나 수장을 당했고, 간통, 신성모독, 그리고 우상 숭배는 사형을 당했다.[29]

- 단 2년 안에(1558-1559), 도덕적 범죄가 414 건수를 기록했다.30
- 16세기의 어느 곳에서처럼, 자백을 받거나 증거를 채취하기 위해 고문이 종종 사용되었다.31
- 칼빈의 사위와 의붓딸은 간통죄로 처벌받은 사람들 중에 있었다.32
- 종교 법정은 종교와 윤리 사이에 구분을 거의 두지 않았다.33
- "그 당시 잔존했던 위원회의 기록들은 높은 비율의 사생아, 버려진 유아, 강요된 결혼, 그리고 사형 언도를 밝혀준다."34
- 17년 동안(1542-1564)의 신뢰할 만한 기록들에 의하면, 제네바에서 139건의 사형 집행이 있었다.35

5. 칼빈은 유대인들이 불경스럽고, 가식적이고, 상식이 결여되었다고 믿었다.

칼빈은 이렇게 말했다: "나는 수많은 유대인과 많은 대화를 나누어왔는데, 그들에게서 한 방울의 경건함이나 한 줌의 진실함이나 솔직함을 전혀 본 적이 없다. 그 정도가 아니라, 나는 그 어떤 유대인에게서도 결코 상식을 본 적이 없다."36

칼빈이 이사야 60:6-7에 관해 논평한 것에는 이런 내용이 있다: "유대인들은 엄청난 '풍요함'을 약속받았다: '이방의 부와 재물이 너희에게로 오리라.' 유대인들은 이 예언을 구실로 삼아 그들의 제어할 수 없는 탐욕으로 땅의 모든 재물을 우둔하게 삼켜버린다."37

6. 칼빈은 하나님께서 모든 사람을 동등하게 창조하시지 않고 어떤 사람들은 영원한 심판을 위해 창조하셨다고 믿었다.

일반적인 칼빈주의에서는, 모든 사람이 똑같이 죄인으로 태어났지만 하나님께서 자비하심으로 어떤 사람은 구원하시고 나머지는 죄 중에 있도록 남겨두셨다고 한다. 이 사상은 "이중 예정론"으로 알려졌다. 이 견해에 의하면, 하나님께서 어떤 사람들은 구원으로, 어떤 사람들은 멸망으로 예정하셨다.

이 사상이 어떤 그리스도인들, 특히 칼빈주의자들에게는 충격적이지 않다. 하지만 하나님께서 의도적으로 어떤 사람들을 결국엔 영원히 멸망시키시기 위해 창조하셨다는 사상은 많은 신자에게는 충격적이다. 반면, 칼빈주의자들은 하나님께서 아무나 구원으로 택하신다는 것에 충격을 받는다!

칼빈에 의하면,

> 하나님께서 어떤 사람들은 생명의 소망으로 택하시고, 어떤 사람들은 영원한 사망으로 선고를 내리신다는 예정론은 경건하다고 생각하는 그 누구도 감히 그냥 부인할 수 없다… 우리가 예정론이라고 할 때 그것은 영원한 하나님의 결정을 의미한다. 하나님께서 모든 사람에게 일어나기를 바라시는 것은 무엇이든지 그분 스스로 결정하셨다는 뜻이다. 모든 사람은 동등하게 창조되지 않았다. 어떤 사람들은 영생으로 예정되었고, 어떤 사람들은 영원한 사망으로 예정되었다. 따라서 각 사람이 결국 둘 중의 하나로 귀결되기 위해 창조되었으므로, 우리는 그가 생명 또는 사망으로 예정되었다고 말한다.38

칼빈은 또 이렇게 말했다.

> 나는 어거스틴과 함께, 주님께서 의심할 나위 없이 미리 아셨던 사람

들을 멸망으로 가도록 창조하셨다고 말한다. 이것은 그분이 작정하
셨기 때문에 벌어진 일이다.39

이것이 그 어느 칼빈주의자에게도 충격적이지 않지만, 개혁주의자가 아닌 대부분의 복음주의자들에게는 하나님께서 누구든지 "멸망으로 가도록" 작정하셨다는 개념이 쇼킹한 사상이다. 특히 벧후 3:9의 "[하나님께서] 아무도 멸망하지 아니하고 다 회개하기에 이르기를 원하시느니라" 같은 말씀에 비추어 볼 때 더욱 그렇다.

존 칼빈의 『기독교 강요』의 제 3권 21장은 "하나님께서 어떤 사람들은 구원으로, 어떤 사람들은 멸망으로 예정하신 영원한 선택"이라고 불린다.

이제 당신이 칼빈을 향하여 반감을 잔뜩 품기 전에, 약간의 역사적 맥락이 도움을 주리라 생각한다.

칼빈은 신학적인 죄가 강제로 심판당하던 시대에 살았다. 역사가들은 세르베투스가 제네바에 오는 것으로 칼빈을 압박했다고 지적한다. 사실, 칼빈은 오류를 포기하라고 그에게 호소했다. 제네바는 당대의 유럽 대부분의 도시처럼 신학적인 법을 포함한 법에 의해 통치되었다. 칼빈이 살았던 시대의 삶은 힘들었고, 혹독했고, 짧았다.

결과적으로, 야만적 집단을 제약하는 것은 제네바라고 예외가 아니었다. 그것은 어디서나 규칙이었다. 다른 한편으로는, 칼빈의 제네바가 그 도시에 목회적인 도움을 제공했다, 심지어 제네바는 유럽 전 지역에 살던 개신교인들의 피난처가 되기까지 했다.

다시 말하자면, 이 책 전체에서 그런 것처럼, 요점은 기독교 신앙에 가장 큰 영향을 끼친 사람들을 나쁘게 해석하거나 그들의 유산을 무시하려

는데 있지 않다.

그것은 정반대이다.

그것은 이것을 보여주기 위함이다: 수많은 사람의 인생을 선하게 바꾸었던 가장 영향력 있는 그리스도인들칼빈이 그들 중의 하나이다도 놀라게 하고, 충격적이고, 심지어 터무니없기까지 한 것들을 믿었다.

따라서 당신이 다음에 당신이 믿는 교리들을 똑같이 믿지 않는 예수님의 사람들을 만나게 될 때 신중을 기하기 바란다. 그리고 그들의 "나쁜 신학" 때문에 그들에게 언어 폭력을 가하려는 유혹을 받을 때 찰즈 스퍼젼Charles Spurgeon이 거의 오류가 없는 신학의 소유자라고 말했던 존 칼빈을 상기하라. 그리고 이 위대한 개혁자가 믿었던 다른 사상의 면면을 숙고해보라.

이제 개신교와 가톨릭 신학 둘 다를 형성하는데 지대한 역할을 했던 사람에 관해 알아보자.

10 • 어거스틴이 가졌던 쇼킹한 믿음

> 영적인 생각을 가진 사람은 결코 "이것을 믿고, 저것을 믿어라"라고
> 요구하며 당신에게 오지 않고, 당신으로 하여금 예수님의 표준에
> 당신의 삶을 일치시키라고 요구한다.
> 우리는 성서를 믿으라고 부탁받지 않았고,
> 성서가 계시하는 분을 믿으라고 부탁받았다.
> 〈오스왈드 체임버즈〉

복음주의 기독교는 어거스틴Augustine에게 엄청나게 큰 빚을 졌다. 사실, 예수님과 바울 다음으로 어거스틴이 가장 영향력 있는 인물이라는 것이 역사가들 사이에 널리 의견의 일치를 보고 있다.

심지어 「타임지Time magazine」조차 어거스틴을 오늘날까지 이어지는 "주된major 지적, 영적, 문화적인 힘"이라고 평가한다.1

따라서 어거스틴이 로마 가톨릭 교회의 아버지로 간주됨에도 불구하고 많은 복음주의자를 포함한 수많은 개신교인이 그를 내세운다.

예를 들어, 칼빈과 루터에게 어거스틴이 끼친 영향 그리고 현대 복음주의 전체에은 주목할 만하다. 심지어 오늘날에도 많은 개혁주의 신학자가 어거스틴을 그들의 진영 사람으로 내세운다. 종교 개혁은 본질적으로 어거스틴 신학의 승리와 부흥이었다고 회자된다.2

어거스틴은 4세기와 5세기 때 북 아프리카에 있는 히포Hippo의 감독이었다. 어거스틴은 그의 역작 『하나님의 도성The City of God』에서 그리스도인

들이 로마의 멸망에 책임이 있다는, 그 당시 만연했던 비판에 대해 대답했다.

어거스틴은 무려 1천 권 이상의 책을 집필했는데, 이 모두 컴퓨터, 전자 노트북, 타자기, 그리고 받아쓰기 소프트웨어가 없던 시절에 한 것이다!

그는 역사상 최초로 자서전을 쓴 인물로 알려졌다. 그의 『참회록Confessions』은 아직도 고전으로 여겨진다.

저명한 역사가 윌 듀란트는 어거스틴을 이렇게 평가했다: "그는 기독교 신앙의 시대에 가장 진실하고, 유창하고, 강력한 목소리의 주인공이었다."3

어거스틴은 그의 막강한 지적 능력에도 불구하고 겸손하게 생각을 글로 정리했다. 그는 많은 진리가 우리의 이해 너머에 있음을 솔직하게 인정했다. 그도 그럴 것이, 성서를 더 깊게 연구할지라도 그것을 다 해결할 수는 없기 때문이다. 이 점에 관해서 그는 다음과 같이 말했다.

> 모호하고 우리의 이해력을 한참 넘어선 문제들에 관해서는, 우리가 성서에서 해결을 보았다 해도, 때로는 우리의 믿음에 치우치지 않고 다른 해석이 가능하다. 그런 경우에, 우리는 성급하게 달려들어 너무 단호하게 한쪽으로 기울면 안 된다. 왜냐하면, 만일 진리를 찾는데 있어 더 나은 진전이 이 태도를 무너뜨린다면, 우리 역시 그것과 함께 넘어질 것이기 때문이다. 이것은 성서의 가르침을 위한 것이 아니라, 그 가르침을 우리에게 맞추기를 바라면서 우리 자신을 위해 싸우는 것이 된다. 우리를 신성한 성서의 가르침에 맞추기 원해야 하는데 말이다.4

어거스틴의 저작 상당수는 현대 복음주의 신학의 진수의 기초를 세우는데 있어 믿기 힘들 정도로 통찰력이 깊다. 그러나 많은 복음주의 그리스도인이 놀라거나, 충격받거나, 분명한 오류라고 보는 어거스틴의 견해들이 있다.

우리가 그 목록을 살펴보기 전에, 어거스틴이 남긴 불후의 인용구 몇 개를 더 소개하겠다.

> 어떤 사람들은 나에게 "나를 믿게끔 이해시켜주십시오"라고 말하지만, 나는 "이해하기 위해 믿으시오"라고 대답한다.5

> 당신은 우리를 당신을 찬양하는 즐거움으로 인도하십니다. 왜냐하면, 당신이 당신 자신을 위하여 우리를 만드셔서 우리의 심령이 당신 안에서 안식을 찾기 전에는 쉴 수 없기 때문입니다.6

> 최종적으로, 나는 너에게 이 짧은 명령 하나를 내리겠다: 사랑하라, 그리고 네가 할 일을 행하라.7

> 성서는 초신자들을 성숙하게 하고, 그들과 함께 그 의미가 점점 확대되는 그런 방식으로 구성되었다.8

> 사랑은 어떤 외모를 가졌고, 어떤 형태를 가졌고, 키가 얼마며 어떤 손이나 발을 가졌을까? 아무도 말할 수 없겠지만, 사랑은 우리를 교회로 데려다주는 발을 가졌고, 사랑은 가난한 자들에게 주는 손을 가졌고, 시편 기자가 "빈약한 자를 권고하는 자가 복이 있음이여"라고 한 것처럼 사랑은 어려움에 처한 사람에게 총명을 주는 눈을 가졌다.9

그러므로 불길한 조짐은 본성을 거슬러 발생하지 않고, 우리가 본성이라고 알고 있는 것을 거슬러 발생한다.10

더구나, 모든 사람은 동등하게 사랑받아야 한다. 하지만, 당신이 모든 사람에게 선을 베풀 수 없으므로, 어쩌다가 시간적으로나, 장소적으로나, 환경적으로 당신 가까이에 연결된 사람들에게 특별한 관심을 가져야 한다.11

그것은 나의 죄 곧 그분 안에 있지 않고, 그분의 피조물인 나 자신과 다른 사람들 안에 있는 죄였다. 나는 즐거움, 고상함, 그리고 진리를 찾았는데, 결국 슬픔, 혼란, 오류로 곤두박질하고 말았다.12

로마 가톨릭 교인들을 결코 우호적으로 인용해서는 안 된다는 사람들이여, 당신의 무기를 내려놓으라. 단지 내가 위의 인용구들을 좋아한다고 해서 로마로 달려간다는 뜻은 아니다. 나는 로마 가톨릭 신학을 추종하지 않는다. 하지만, 나에게는 로마 가톨릭 교인인 친구가 많이 있고, 그 중엔 지상에서 가장 경건한 사람들도 있다.

그렇다면, 여기에 많은 복음주의자가 받아들이지 않는 어거스틴의 믿음 몇 가지를 소개하겠다.

1. 어거스틴은 결혼의 목적은 생식이고, 성관계 시 음욕을 품는 것은 결혼한 그리스도인 부부 사이라 할지라도 잘못이라고 믿었다.

어거스틴은 그의 『참회록』에서 청소년 시절 성욕과의 싸움에서 패배했음을 솔직하게 고백했다. 그는 32세 때 독신주의자가 되었다. 왜냐하면,

어거스틴 개인에게 있어 그리스도인으로 산다는 것은 결혼을 포기하는 의미였기 때문이다. 중요한 것은, 어거스틴이 살았던 시대에는 금욕주의가 일반적이었다는 사실이다.13

그는 모든 성관계가, 그리스도인의 결혼이라는 테두리 안에서 행해진다 할지라도, 욕정죄스러운 욕망 또는 정욕을 포함한다고 믿었다.14

하지만, 어거스틴에게는 독신주의가 더 좋았다.

이 주제에 대한 그의 견해를 뒷받침해주는 것은 성sex이 오직 한 가지 목적 곧 생식을 위해 존재한다는 어거스틴의 믿음이었다. 하지만, 그는 자녀를 가질 의도가 없이 성을 즐기는 결혼한 사람들이 용서받을 수 있다고 정말 믿었다.

2. 어거스틴은 임신을 예방하기 위한 피임의 사용이 결혼의 목적을 왜곡하고 있다고 믿었다. 그것이 "결혼 안에서 범하는 간음"과 "침실을 사창가로 바꾸는 것"이기 때문에.

어거스틴이 결혼 안에서 자녀의 출생을 막는 것즉, 피임의 사용에 관해 한 말을 여기에 소개한다.

> 자녀를 낳는 것이 악한 것이라는 교리는 "간음하지 말찌니라"라는 계명에 정면으로 맞서는 것이다. 왜냐하면, 이 교리를 믿는 사람들이 그들의 아내가 임신하지 못하게 하려고 심지어 결혼 안에서조차 간음으로 이어지게 하기 때문이다. 그들은 율법이 표명하는 대로 자녀를 낳기 위해 아내를 취한다. 하지만 신적인 본질을 더럽히고, 또 그들이 아내와 갖는 성관계가 합법적인 특색이 아니라는 잘못된 두려움 때문에 결혼의 적절한 목적인 자녀 낳는 것을 피하려 한다. 사도가 오래 전

너희에 대해 예견했던 것처럼, 너희가 결혼의 목적을 말살하기 위해 정말로 결혼을 금한다. 너의 교리가 결혼을 불륜으로 연결시키고 침실을 사창가로 바꾸어버린다.15

3. 어거스틴은, 성서를 가르치려면 자연 세계, 수학, 음악, 과학, 역사, 인문, 그리고 변증법논쟁의 기술의 지식을 가져야 한다고 믿었다.16

이 표준은 오늘날 대부분의 설교자와 교사들을 배제한다. 흥미롭게도, 어거스틴이 학문적인 주제를 익힐 필요에 대해 힘주어 강조했음에도 불구하고, 그는 그리스어를 거의 읽지 못했고 히브리어는 아예 읽지 못했다.

어거스틴은 모세와 상상의 대화를 나눈 것에 대해 이렇게 말했다: "그리고 그가 히브리어로 말했다면 나에게 어떤 감각을 주거나 감동을 주지 못했겠지만, 라틴어로 했다면 그가 한 말을 알아차렸을 것이다."17

4. 어거스틴은 침례세례 의식이 거듭나게 하고 또 죄 사함에 필수적이라고 믿었다.

이 점에 관해서, 어거스틴의 견해는 오늘날의 로마 가톨릭 가르침과 궤를 같이 한다. 몇 가지 예를 들면,

> 하지만, 침례세례 의식은 의심의 여지 없이 중생의 의식이다. 그런 이유로, 결코 산 적이 없는 사람은 죽을 수 없고, 결코 죽은 적이 없는 사람은 다시 살 수 없듯이, 결코 태어난 적이 없는 사람은 거듭날 수 없다.18

그러므로 침례세례는 정말로 모든 죄절대적으로 모든 죄를 씻어낸다. 즉,

그것이 행위든, 말이든, 생각이든, 원죄 또는 더해진 죄든, 부지 중에 지은 죄 또는 알고 지은 죄든 관계없이.19

당신이 침례세례받을 때 당신의 침례세례를 끝까지 수호할 수 있도록 하나님의 계명 안에서 선한 삶을 꽉 붙잡아야 한다. 나는 당신이 여기서 죄 없이 살 것이라고 말하는 것이 아니다. 하지만 죄는 용서받을 수 있고, 죄 없이는 이생에서의 삶은 있을 수 없다. 모든 죄 때문에 침례세례가 마련되었고, 가벼운 죄우리가 이것 없이 존재할 수 없는 때문에 기도가 마련되었다. 어떤 기도인가? "우리가 우리에게 죄 지은 자를 사하여 준 것같이 우리의 죄를 사하여 주옵소서." 우리는 단번에 침례세례로 씻음받았고, 매일 기도로 씻음받는다. 오직 당신을 그리스도의 몸으로부터 분리시키려 하는 것들에 동참하지 말라. 그것들은 당신에게서 멀어져야 한다! 왜냐하면, 당신이 봐왔던 고해성사를 하는 사람들은 간음이나 어떤 엄청난 범죄에 해당하는 가증스러운 일을 범했기 때문이다. 이것들을 위해 그들은 고해성사를 한다. 만일 그들의 죄가 가벼운 죄였다면 그것들을 없애기 위해 매일 기도하는 것으로 충분할 것이기 때문이다.

따라서 교회 안에 죄를 탕감받는 방법이 세 가지가 있음을 알 수 있다: 침례세례에 의해, 기도에 의해, 그리고 고해 성사를 통한 더 겸손하게 낮아짐에 의해. 하지만 하나님은 침례세례받은 사람의 죄만 탕감하신다. 하나님께서 최초로 탕감하시는 그 죄는 침례세례받은 사람에게만 해당한다. 그것이 언제인가? 그들이 침례세례받을 때이다. 그 다음에 탕감받는 죄, 즉 기도에 의해 또 고해성사에 의해 탕감받는 것은 누구를 위함인가? 그것은 침례세례를 받은 사람을 위한 것이다. 왜?

아들로 태어나지도 않은 사람이 어떻게 "우리 아버지"라고 부를 수 있는가? 그들이 침례세례를 준비하는 교리 문답 과정Catechumens을 이수하는 동안에는 아직 그들의 모든 죄가 그들에게 머물러 있다. 만일 교리 문답 과정에 있는 사람들이 그렇다면 이교도들에게는 얼마나 더 그렇겠는가? 이단자들에게는 얼마나 더 그렇겠는가? 하지만 이단자들이 그렇다고 해서 우리가 그들의 침례세례를 변경하지는 않는다. 왜냐고? 탈영병이 군인의 표식을 가진 것과 마찬가지로 그들은 침례세례를 갖고 있기 때문이다. 이단자들에게도 또한 동일한 침례세례가 있다. 하지만 그들이 그것을 가졌다고 해도 사람들은 그들을 정죄하지, 우러러보지는 않는다. 그런데 만일 탈영병 자신이 뉘우치고 부대로 돌아와서 다시 군인으로 복무하기 시작한다면, 누가 감히 그가 가진 군인의 표식을 바꾸려 하겠는가?20

5. 어거스틴은 이단자들을 향해 물리적인 힘을 사용하는 것은 허용된다고 믿었다.

어거스틴이 물리적인 힘을 옹호했던 두드러진 예는 도나투스파Donatists로 알려진 분파를 향해 사용한 경우이다. 도나투스파는 감독들 중에 영적 반역자들핍박 중에 믿음을 저버린 사람들에 의해 안수를 받은 사람들이 있다고 주장했다. 그러므로 반역자들은 교회의 지도자 자격을 가질 수 없고 그들이 집전하는 의식은 효력이 없다고 그들은 믿었다. 이 집단의 대표적인 지도자가 도나투스 마그누스Donatus Magnus였기 때문에 그의 이름을 따라 그들은 도나투스파라고 불렸다.

어거스틴은 도나투스파를 통렬히 비판했고 이 논쟁에서 그의 교회론을 발전시켰다. 어거스틴의 생각에, "교회의 본질은 교회 전체와 그리스도

사이의 연합이지, 선택된 특정한 그리스도인들의 개인적인 성품이 아니다."21

어거스틴은 도나투스파를 향한 물리적인 힘의 사용을 옹호하며 이렇게 말했다.

> 그러므로 탕자들이 강압적으로 다른 사람들을 멸망시킨다면, 어째서 교회가 탕자들을 강압적으로 돌이키기 위해 물리적인 힘을 사용하면 안 되는가? … 양이 양떼를 떠난 후에, 폭력에 의해 끌려간 것이 아니라 다정한 말과 감언이설로 구슬리는 것에 현혹되어 갔을지라도, 주인이 그들을 찾았을 때 그들이 반항의 징후를 보인다면, 두려움이나 채찍의 고통을 가해서라도 그들을 그 주인의 우리 안으로 데려오는 것이 목자의 돌보는 역할의 일부가 아닌가? 특히, 만일 그들이 도망친 노예들과 강도들 사이에서 풍요를 누리면서 수가 늘어간다면, 그들에게서 주인의 표식을 확인하는 권한이 그에게 더 많이 주어졌기 때문에, 우리가 받아주는 사람들에게 다시 침례세례를 주지 않는 것만큼 우리가 격분하지 말아야 할 것이 있겠는가? 왜냐하면, 그 위에 있는 구속자의 표식이 소멸되지 않게 하려는 그런 지혜로써 방황하던 양이 고쳐져야 하기 때문이다.22

이것의 부분적인 이유는 도나투스파가 다른 그리스도인을 향해 폭력을 사용했기 때문이다. 그 결과, 어거스틴은 정부로 하여금 그들을 향해 물리력을 강하게 행사하도록 촉구했다. 이것은 그가 일찍이 갖고 있었던 다음과 같은 견해를 철회한 것이다: "그 누구도 그리스도와의 연합 안으로 강요되어서는 안 된다. 우리는 오직 논쟁에 의해 행동을 취하고 논증의

힘에 의해 이겨야 한다. 이것은 우리가 명백한 이단으로 알고 있는 자들이 스스로를 정통으로 위장하지 못하게 하려 함이다."23

어거스틴은 강압적으로 하지 않아서 모든 사람이 멸망당하는 것보다 어느 정도의 도나투스파가 고통당하는 것이 더 낫다고 생각했다. 동시에, 그는 국가 관리들에게 이단자들을 사형시키지는 않도록 끊임없이 부탁했다.

그는 이렇게 피력했다.

> 우리는 보복의 일환으로 당한 만큼 정확히 똑같은 상처를 돌려주는 복수에 의해 하나님의 일꾼들이 고통당하는 것을 바라지 않는다. 물론 이 사악한 자들이 자유롭게 죄를 범하지 못하도록 하는 것을 반대하는 것이 아니고, 우리가 바라는 것은, 오히려 그들의 목숨을 빼앗거나 그들의 신체를 불구로 만들지 않고 정의가 바로 세워져서, 법에 근거한 그러한 강압적인 집행에 의해 그들이 제 정신이 아닌 광란에서 건전한 판단을 하는 조용한 사람으로 돌아오는 것이다. 또는 그들로 하여금 해를 끼치는 폭력을 포기하도록 강요해서 어느 정도의 유익한 일을 스스로 하게 하는 것이다. 이것은 정말로 양형의 선고라고 불릴 수 있다. 하지만 야만적인 폭력의 담대함이 통제되고 회개시키기에 합당한 해결책이 철회되지 않았을 때, 누가 이 징계를 보복적인 처벌보다는 혜택으로 불러야 한다고 보지 않겠는가?24

6. 어거스틴은 주의 만찬유카리스트이 구원을 위해 필수적이라고 믿었다.

이 점에 관해서 그는 다음과 같이 기술했다.

카르타고Carthage의 그리스도인들은 의식sacraments을 위한 탁월한 이름을 가지고 있는데, 그것은 침례세례가 다름 아닌 "구원"이고 그리스도의 몸에 참여하는 의식이 다름 아닌 "생명"이라고 말할 때이다. 그렇지만, 어디서 이것이 유래되었는가? 내가 추측하는 바, 그리스도의 교회들이 초기의 사도적 전통을 고유의 원리로 유지하는 것에서 유래되었을까? 즉, 침례세례와 주의 만찬에 참여함 없이는 그 누구도 하나님 나라 구원, 그리고 영생을 얻기에 불가능하다는 것에서 유래되었을까?26

7. 어거스틴은 비기독교 철학의 영향을 크게 받아서 세상을 이원론적으로 보는 견해를 가졌다.

3세기의 신학자 터툴리안Tertullian은 믿음과 인간의 철학은 접점이 없다고 믿었다. 이 사상은 그의 유명한 질문인 "아테네가 예루살렘과 무슨 상관이 있는가?"로 요약된다.26

어거스틴은 플라톤주의와 신플라톤주의Neoplatonism의 고전 철학적 전통에 심취했다.

요약하자면, 그의 저작들은 성서와 기독교 신학을 고전적 학문과 문화와 합성한 것이다. 그것들은 유럽 대학들의 중세 사상과 교육 과정을 형성했다.

이런 연유로, 어떤 역사가들은 어거스틴이 믿음과 철학을 결합시키고 이교가 사라진 것처럼 보이게 하는 세계를 창조해서, 기독교와 이교 사이의 경계선을 흐릿하게 했다고 주장해왔다. 어떤 사람들은 이교가 실제로는 사라지지 않았고 단지 기독교식 복장으로 침례세례를 받은 것이라고 주장해왔다.

그렇다 할지라도, 어거스틴의 플라톤주의 사상은 아리스토텔레스의 철학을 기독교와 혼합시킨 토마스 아퀴나스와 함께 다시 출현했다.27

어거스틴은 마니교도Manichaeans, 그가 9년을 함께 지낸 사람들의 이원론적 분파에 크게 영향을 받고 그의 신학 안에서 이원론적인 견해를 계속해서 수용했다.

마니교Manichaenism에 의하면, 육적인 것은 악하고 영적인 것은 선하다. 육적이고 물질적인 차원은 악하고 영적인 차원은 선하다. 따라서 이 둘은 서로 대적하는 관계이다. 이것은 인류와 세상, 즉 육체적인 것과 영적인 것을 하나님의 선한 창조의 일부로 보는 히브리 사고방식을 통해 인식하지 않는 것이다.

어거스틴의 이원론은 자신을 사회로부터 격리시켜서 영적 세계의 보이지 않는 실재를 추구하도록 만들었다. 이원론적 사고는 우리가 세속적인 것과 영적인 것을 구분하는 생각을 뜻한다.

어거스틴의 이원론은 또한 부분적으로 그의 신학적 견해에 영향을 끼쳤는데, 특히 성에 관한 그의 견해, 즉 성적 욕망은 죄악이고 생식procreation에 있어서의 성욕은 그 죄를 전염시킨다는 견해에 영향을 끼쳤다.

8. 어거스틴은 사람이 은혜에서 떨어져나가 구원을 잃을 수 있다고 믿었다.

어떤 복음주의자들은 이 사상에 동의하지만, 어떤 사람들은 그것을 극렬히 반대한다. 어거스틴은 이렇게 말했다.

그러나 만일 그가 이미 거듭나서 의롭다 여김을 받았는데 그 자신의 뜻에 의해 악한 삶으로 다시 돌아간다면, 그는 기필코 "나는 받아들인 적이 없다"라고 말할 수 없다. 왜냐하면, 그 자신이 자발적으로 악을 선택해서 그가 받아들였던 하나님의 은혜를 잃어버렸기 때문이다. 그리고 만일 책망에 의해 가책을 받아서 진정으로 애통해하고 동일한 선행 또는 그 이상으로 돌아온다면, 틀림없이 책망의 장점이 두드러지게 드러날 것이다. 하지만 사람에게서 나온 도움되는 책망은, 그것이 사랑에 의한 것이든 아니든, 오직 하나님께 달려 있다.28

그러므로 사람은 올바르게 창조되었다. 그가 하나님의 도움 없이는 그의 올바름을 유지할 수 없지만, 그 자신의 별것 아닌 의지에 의해 그것을 떠나게 될 것이다.29

9. 어거스틴은 마리아예수님의 어머니가 영구적인 처녀였다고 믿었다.
이 주제에 관해서 그는 이렇게 기술했다.

처녀는 임신을 해도 처녀를 계속 유지한다. 처녀가 만삭이 되어 아이를 낳아도 그녀는 언제나 처녀이다.30

성 처녀 마리아가 처녀로서 아이를 낳고, 처녀를 계속 유지하지 않았는가?31

따라서 그리스도는, 자신에게서 그리스도가 탄생하실 것을 알기 전에 계속해서 처녀로 살 것을 결단한 처녀에 의해 태어나셔서, 거룩한 처녀성holy virginity을 명령하는 대신 그것을 승인하는 길을 택하셨다.32

10. 어거스틴은 죽은 자를 위한 기도를 믿었다.
다음과 같은 그의 말을 숙고해보라.

> 죽은 자들이 그들의 영혼을 위하여 제공되는 거룩한 교회의 기도, 유익한 희생 제사, 그리고 구제의 도움을 받는다는 사실을 의심해서는 안 된다. 그리고 주님께서 그들이 치러야 할 죄값보다 더 큰 자비로 그들을 대하신다는 사실을 의심해서는 안 된다. 왜냐하면, 믿음의 조상들로부터 물려받은 이것을 온 교회가 지키기 때문이다.33

> 신실한 자들은 알고 있듯이, 하나님의 제단에 있는 그곳, 즉 순교자들을 위한 기도가 드려지지 않는 그곳에서 그들의 이름이 크게 호명될 때의 교회 규율이 있다. 그곳에서는 다른 죽은 자들을 기억하며 그들을 위한 기도가 드려진다. 왜냐하면, 우리들 자신이 순교자들의 기도의 힘을 입는 것이고 그들을 위해 기도하는 것은 잘못된 것이기 때문이다.34

> 그렇다면 나는, 똑같은 이유에 의해 교회가 언제라도 악한 천사들을 위한 기도를 금하고, 영원한 불못에서 심판받아야 하는 사람들을 위한 기도를 이제부터 금한다고 말한다. 그리고 이것이 또한 교회가 왜 죽은 불신자들과 경건치 못한 자들을 위하여 아직 이 세상에서조차 기도하지 않는지의 이유이다. 심지어 악한 자들이 사는 동안엔 그들을 위해 기도하지만, 어떤 죽은 자들을 위해서는 진실로 교회의 기도나 경건한 사람들의 기도가 상달된다. 하지만 그것은 그리스도 안에서 거듭나고, 그렇게 동정받을 가치도 없이 심판받을 정도로 아주 악

하게 살지 않았던 사람들이나, 동정받을 필요가 없다고 여겨질 정도로 아주 잘 살았던 사람들을 위한 것이다.35

주목할 만한 세 가지 견해

어떤 학자들과 신학자들은 어거스틴이 그저 약간의 그리스어를 읽을 수 있었고, 히브리어는 전혀 몰랐기 때문에 그를 비판한다. 그럼에도 불구하고, 그는 성서의 원어를 아는 것이 중요함을 알았다.

오늘날엔 그리스어를 읽는 것이 설교자들이나 교사들에게 큰 문제가 되지 않는다. 정확히 번역된 성서와 그리스어와 히브리어로 된 주석책이 널리 보급되어 얼마든지 사용할 수 있기 때문이다. 그렇지만, 아직 이런 기량이 없는 4세기의 신학자가 가톨릭과 개신교 대부분의 사람들에게 영향을 끼쳤다는 사실은 많은 사람의 생각에 큰 문제를 초래한다.

그 이유는 어거스틴이 신학을 하는데 있어 형편없는 라틴어 성서 번역판을 의지했기 때문이다. 결과적으로, 어떤 학자들은 어거스틴의 여러 신학적 해석에 의문을 제기한다. 말하자면, 다음의 세 가지이다.

[1] 원죄

오늘날까지 복음주의 진영 안에서는 "원죄original sin"를 놓고 논쟁이 벌어져 왔다. 기독교 신학 안에서 원죄론을 핵심적인 위치에 놓은 사람은 어거스틴이었다.

어거스틴은 모든 사람이 원죄를 물려받았다고 생각했다. 각 사람이 아담 안에서 죄를 지었기 때문에 우리는 모두 아담의 범죄와 그 죄에 따른 책임을 공유해야 한다는 것이었다.

결과적으로, 어거스틴에게는 모든 유아가 침례세례를 받지 않으면 영원한 죽음의 대상이다.

어떤 복음주의자들은 이 원죄론을 수용하지만 어떤 사람들은 그것에 이의를 제기한다. 왜냐하면, 각 사람이 죄성을 가지고 태어나지만 죄의 책임은 아담의 죄가 아니라 그들이 실제로 범한 죄에서 비롯된다고 믿기 때문이다.

어떤 학자들은 어거스틴이 그 이론을 세우는데 형편없는 성서 번역판을 사용했기 때문에 그의 견해가 잘못 전달되었다고 믿는다. 그가 사용한 라틴 번역판은 과도하게 문자적이고 모호했다. 따라서 그들은 그가 로마서 5:12을 오역했다고 주장한다.36

그런 연유로, 어거스틴의 가장 극심한 논쟁 상대 중의 하나는 원죄론을 부정했던 영국의 수도사 펠라기우스Pelagius였다. 펠라기우스는 죄를 짓는 성향은 인간의 자유 의지에 의한 선택이지 아담에게서 유전된 것이 아니라고 믿었다. 펠라기우스의 견해는 줄리안Julian이라는 이름의 감독에게로 이어졌는데, 어거스틴은 그의 저작 *Against Julian*줄리안 논박에서 그의 주장을 반박했다.

그리고 흥미로운 역사적 사실을 약간 첨언하자면, 찰즈 피니Charles Finney는 어거스틴의 원죄론을 싫어했다.이것은 부드럽게 표현한 것이다 아래의 인용구는 피니가 어거스틴의 견해, 즉 자연적 무능력natural inability, 원죄, 그리고 내재하는 죄성이 사람들 안에 있다는 사상에 관해 그 자신의 스타일로 쓴 글이다.

> 이 교리는 교회와 세상 둘 다에게 거침돌이다. 하나님께는 무한한 수치이고, 하나님과 사람의 지성에게 똑같이 끔찍하므로 모든 강단에서, 교리의 모든 공식에서, 그리고 세상에서 추방되어야 한다. 그것은

이교 철학의 유물이고, 어거스틴이 기독교 교리 안으로 억지로 떠맡긴 것이다. 모두가 알다시피 자신을 살펴보는데 문제가 있는 사람의 작품이다.37

그런데 나는, 찰즈 피니가 이 문제에 관해 자신이 진정 어떻게 느꼈는지를 망설임없이 우리에게 말했기를 바란다.

[2] 의롭게 됨

오늘날 복음주의자들 안에서 또한 논란이 되는 두 번째 견해는 어거스틴이 가졌던 의롭게 됨justification에 관한 견해이다. 어거스틴은 귀속된 의imputed righteousness에 반하는 주입된 의infused righteousness라고 불리는 사상을 고수했다. 이것은 루터와 칼빈도 가졌던 사상이다. 어떤 저자들은 어거스틴이 이 주제에 관해 "바보짓"을 했고, 중세 전체가 천 년 동안 그의 바보짓을 따랐다고 믿는다. 존 웨슬리는 주입된 의가 귀속된 의와 협력하는 관계라고 생각했다. 반면에, "새로운 관점New Perspective"의 학자들은 귀속 대 주입의 체계 밖의 맥락에서 쟁점을 삼는다.

나의 의도가 불가사의한 신학적 세부 사항이라는 수레바퀴 속의 교착 상태에 빠진 교리 전쟁을 유발하는데 있지 않기 때문에, 나는 이 주제를 그냥 여기서 접고자 한다. 만일 당신이 그것에 관심이 있다면 당신 스스로 더 연구하기를 바란다.

[3] 지옥

오늘날 어떤 복음주의자들은 거부하고 어떤 사람들은 믿고 있는 세 번째 견해는, 지옥이 의식할 수 있는 영원한 고통의 장소라는 어거스틴의 사상이다. 어거스틴은 도룡뇽salamander이 불 속에서도 살 수 있기 때문에, 불의 고통에 민감하면서도 그것에 의해 손상되지 않는 육체를 하나님께서 만드실 수 있다는 결론에 이르게 된다고 주장했다.38

어거스틴은 또한 지옥이 땅 아래에 있고, 하나님은 계속해서 지옥에 있는 사람들을 사랑하시는데도 그들이 그 사랑을 돌려드릴 수 없기 때문에 지옥의 고통이 가중된다고 믿었다.39

여담이지만, 나에게 지옥의 구조 분석에 관해 묻지 말라. 주 예수 그리스도께 감사하게도, 나는 결코 거기에 가 본 적도 없고 갈 생각도 일절 없다. 하지만 당신이 어떤 식으로 추측하든지 성서는 그것이 당신이 언젠가 도달할 장소는 아니라는 점을 분명히 한다.

・・・・・・

결론적으로, 어거스틴은 기독교 교회에 긍정적인 흔적을 남겼다. 하지만, 그는 하나님과 성서의 가르침에 관해 많은 이상한 견해오류가 아니라면를 고수했다. 그러므로 다시 은혜로regrace 가보자.

이제 오늘날에도 여전히 우리와 함께 있는 그리스도 안의 한 부족tribe 전체를 창립한 사람에게로 관심을 돌려보자.

11 • 존 웨슬리가 가졌던 쇼킹한 믿음

> 나는, 하나님의 은혜와는 별도로 내 안에 숨어있는 것을 파악한 후에,
> 내가 절망할 수 있는 사람을 한 번도 만난 적이 없다.
> 〈오스왈드 체임버즈〉

존웨슬리John Wesley는 범상치 않은 사람이었다. 그는 복음을 전하기 위해 대략 36만km에서 40만km를 주로 말을 타고 여행했다. 그는 4만 번이 넘게 말씀을 전했다. 웨슬리는 단지 160cm 정도의 키에 57 kg 정도의 몸무게로 돌아다니며 교회사에 지울 수 없는 흔적을 남겼다.1

어쩌면 그가 기여한 불후의 유산은 우리에게 남겨준 경험적인 구원, 즉 전두엽을 넘어선 구원의 경험이다.

하나님의 손에 이끌린 사람이라면 어느 누구나 그랬듯이, 웨슬리도 사방으로부터 믿기 힘들 정도의 저항에 직면했다. 그에게는 셀 수 없이 많은 적enemies이 있었다. 심지어는 그의 가족 중에도 그의 사역에 고통을 주는 사람들이 있었다.2

하지만, 그의 사역에 대한 지속적인 맹공격에도 불구하고 하나님은 그를 보호하셨다. 웨슬리의 유산은 오늘날의 우리를 포함한 모든 세대의 수많은 그리스도인에게 큰 영향을 끼쳤다.

웨슬리는 원어로 된 신약성서를 읽는 습관을 가졌다. 성서 해석의 영역에서 그의 불후의 유산 중 하나는 요한 1서 강해이다. 요한 1서는 그리스도인들이 손전등을 켜고 침대 밑에서 읽고, 다 읽은 후에 그들의 구원을

잃게 되는 책이다!

웨슬리에게는, 요한 1서가 성서적 계시의 최고 업적이고 그가 집필한 모든 책의 종합판이다.

그렇긴 하지만, 나는 과거와 오늘날의 많은 개혁주의 그리스도인이 웨슬리를 위험한 이단자로 간주한다고 알고 있다. 하지만 나의 개혁주의 친구들이여, 아래의 존경받는 개혁주의 지도자들이 웨슬리에 관해 한 말을 숙고해보라.

나는 다만 그에 관해 이렇게 말할 수 밖에 없다: 나는 그가 설교한 많은 교리를 혐오하지만, 그 사람 자신에 대한 나의 존경심은 웨슬리안 Wesleyan의 그 누구에게도 뒤지지 않는다. 그리고 만일 12 사도의 수에 두 명을 첨가하기를 원한다면, 조지 휫필드와 존 웨슬리보다 더 적합한 두 사람을 찾을 수 없다고 나는 믿는다.3
- 찰즈 스퍼젼

그렇다면 존 웨슬리가 무엇이었는지를 하나님께 감사하고, 그의 결점을 계속 쏟아내지 말라. 그리고 다만 그가 무엇이 아니었는지를 말하라. 우리가 좋아하든 그렇지 않든 관계없이, 존 웨슬리는 하나님의 손 안에서 선을 위해 쓰임을 받은 막강한 도구였다. 그리고 조지 휫필드 다음으로 백년 전에 영국의 다른 누구보다도 뛰어난 복음 전도자였다.
- J. C. 라일 4

나는 당신을 존경하고 당신에게 경의를 표합니다. 나는 당신의 성공을 위해 기도하고 진심으로 그것에 다시 가담합니다. 하나님의 은혜의 도구인 당신 외에, 내 마음이 사랑으로 더 연합된 다른 누구도 나는 알지 못합니다. 또한 내가 더 빚을 진 다른 누구도 알지 못합니다.

– 존 뉴턴 5

흥미롭게도, "마음의 종교heart religion"에 관한 웨슬리의 가르침은 "종교적 정서religious affections"에 관한 조나단 에드워즈의 가르침과 거의 똑같았다. 그럼에도 불구하고, 웨슬리에게는 다른 모든 하나님의 일꾼처럼 의외의 약점이 있었다.

여기에 몇 가지를 소개한다.

1. 웨슬리는 교회 건물 안에서는 남자들과 여자들을 분리시켜야 한다고 믿었다.

웨슬리는 종교적 건물에는 남자들과 여자들을 분리시키기 위해 "길게 늘어선 가로대가 중간에 설치되어야 한다"고 믿었다.6

2. 웨슬리는 유령과 다른 불가사의한 현상을 믿었다.

웨슬리는 그가 자라난 에프워쓰 목사 사택Epworth parsonage에 "옛 제프리 Old Jeffrey"로 알려진 유령이 있었다고 믿었다. 웨슬리는 유령이 그의 아버지를 괴롭히기 위해 파견된 귀신 또는 사탄의 전령이라고 정말로 믿었다. 아버지가 가족을 떠나겠다는 경솔한 약속을 했기 때문이다.7

3. 웨슬리는, 이전의 어거스틴처럼, 예수님의 육신의 어머니인 마리아

의 영구적인 **처녀성을 믿었다.**

물론 어거스틴은 가톨릭이었고, 웨슬리는 가톨릭이 아니라는 차이점은 있다. 그가 쓴 "로마 가톨릭에게 보내는 편지"에서 웨슬리는 이렇게 말했다.

> 나는 그분[예수님]이 신격을 가진 존재로서 사람의 본성에 연결되어 사람으로 오셨고, 성령의 역사로 잉태되어, 그분을 낳기 전 뿐만 아니라 그분을 낳은 후에도 계속 순결하고 흠 없는 처녀인 축복받은 처녀 마리아에게서 태어나셨다고 믿는다.8

4. 웨슬리는 정전기를 일으키는 기계를 가졌는데, 그것이 건강을 위해 "매일 짜릿한 기분을 느끼게 하는" 좋은 발상이라고 생각했다.

웨슬리는 벤자민 프랭클린Benjamin Franklin이 살았던 시대에 살면서, 프랭클린의 전기에 관한 책에 심취하고 그에게 매료되었다. 흥미롭게도, 그가 살았던 런던의 집에서 웨슬리의 정전기 기계의 복제품을 지금도 볼 수 있다.9

5. 웨슬리의 원시 의학Primitive Physick에 의하면, 웨슬리가 질병에 대해 내린 어떤 처방은 잘 봐줘도 이상할 정도이다.

웨슬리는 코감기에는 오렌지 껍질을 둥글게 말아서 코 안에 집어넣을 것을 추천했다. 이것을 집에서 따라하지 말 것! 웨슬리의 말을 그대로 옮기자면, "머리에 감기가 들면, 오렌지 껍질을 아주 얇게 벗긴 다음, 그것을 뒤집어 말아서 코에 집어넣으시오."10

유방암에 대해, 웨슬리는 꿀과 장미꽃을 섞은 빨간 양귀비 물, 질경이,

그리고 장미꽃 물을 바르라고 추천했다. 그는 또한 정기적으로 찬 물에 목욕하는 것이 알려진 치료법이라고 말했다.11

웨슬리가 병자에 대한 각별한 관심을 가졌고, 그런 점에서 그가 일종의 실험주의자였음을 주목하라.12

6. 웨슬리는 그의 서재에 마이클 몰리노스, 마담 귀용, 프랑수아 페넬롱, 그리고 다른 기독교 신비주의자들의 "불온 문서"를 갖고 있었다.

웨슬리는 세속으로부터 떠나려는 신비주의자들의 성향에는 동의하지 않았지만, 하나님을 향한 신비적인 탐구는 믿었다.13

이 믿음이 그로 하여금 영적인 삶에 있어 더 보수적이고 객관적인 견해를 갖고 있던 그리스도인들에게는 달갑지 않은 인물로 여겨지게 했다.

7. 웨슬리는 장신구와 값비싼 옷을 치장하는 것은 죄이고 그리스도인들은 그런 행동을 하면 안 된다고 믿었다.

구체적으로 말하면, 웨슬리는 여자건 남자건 반지, 귀고리, 목걸이로 치장하는 것을 심히 반대했다.14

결과적으로, 초기 감리교인들은 평범한 옷차림에, 장신구가 없는 사람들로 알려졌다. 감리교회는 1852년까지 복장과 장신구에 있어 웨슬리의 태도를 견지했다. 1852년에 감리교 매뉴얼이 "성직자나 일반 교인들의 옷차림과 장신구를 더는 규제하지 않는다"고 했기 때문에 웨슬리의 복장 규정은 바뀌었다.15

8. 웨슬리는 초기 교회 인물인 몬타누스의 열성 팬이었다.

웨슬리는 몬타누스Montanus를 "부패한 것을 회복시키고, 잘못된 것을 개혁했던" "선지자의 반열에 속한" 사람으로서 "그 당시 지상에 살았던 최고의 인물 중 하나"로 여겼다.16

웨슬리는 다음과 같이 말했다.

> 그러므로 오랜 시간이 지난 지금 우리가 얻을 수 있는 최상의 정보에 근거해서, 몬타누스는 진정 선한 사람이었을 뿐만 아니라 그 당시 지상에 살았던 최고의 인물 중 하나였던 것으로 보인다. 그리고 그의 가장 확실한 범죄는, 그리스도인이라고 스스로 시인했던 사람들이 그리스도 안에 있는 마음을 갖지도, 그리스도께서 행하신 대로 행하지도 않고, 그들의 기질과 행위 둘 다가 이 세상에 안주하려 했을 때 그들을 심히 책망한 것으로 보인다.17

그러나 많은 복음주의자는 몬타누스를 "위험한 이단자"로 여긴다. 당신 스스로 이것을 연구해보라.

다음 장에서 우리는 많은 사람이 역사상 가장 위대한 설교자라고 여기는 사람의 의외의 견해를 탐구할 것이다.

12 • 찰즈 스퍼젼이 가졌던 쇼킹한 믿음

> 하나님께 헌신하는 대신 당신 자신의 확신에 일관되게
> 사로잡히는 것을 조심하라. … 지속적으로 충성하는 것보다
> 지나친 광신도가 되는 것이 더 쉽다.
> 왜냐하면, 하나님께서는 우리가 그분에게 충성할 때
> 우리의 종교적 자만심을 놀라울 정도로 낮추시기 때문이다.
> 〈오스왈드 체임버즈〉

찰즈 해돈 스퍼젼Charles Haddon Spurgeon은 많은 사람이 역사상 가장 위대한 설교자로 꼽는 사람이다. 어떤 사료에 의하면, "현존하거나 사망한 그리스도인 저자 그 누구보다도 스퍼젼이 집필한 저작이 더 많이 남아있다."[1]

스퍼젼의 설교 모음은 무려 2천만이 넘는 단어를 포함한다. 그는 일주일에 여섯 권 정도의 책을 읽은 것으로 알려졌고, 정확한 기억력의 소유자였던 것으로 보인다.

그의 목소리가 얼마나 컸는지 마이크의 도움 없이 23,000명의 청중에게 설교한 적도 있다.[2]

이런 이유로, 스퍼젼은 종종 "설교자들의 왕"과 "설교자의 설교자"로 불린다.

스퍼젼은 그의 살아있을 때 세계에서 가장 큰 개신교 교회의 목사였다. 그는 고아원을 경영했고, 67개의 자선 단체를 관리했으며, 신학교를 운영

했다. 그는 또한 약 150권의 책을 집필했다.

소문에 의하면, 아프리카 선교사 하나가 언젠가 스펄젼에게 이렇게 질문했다고 한다: "당신은 어떻게 하루에 두 사람 몫의 일을 다 할 수 있습니까?" 스펄젼의 대답은 다음과 같았다: "당신은 우리가 두 명이라는 것을 잊어버렸습니다. … 그리고 당신이 거의 보지 못하는 존재가 종종 대부분의 일을 합니다."3

칭찬할 만한 것은, 스펄젼이 또한 노예제도를 신랄하게 비판했다는 사실이다. 그래서 미국의 출판사들은 그들의 출판물에서 그가 노예제도를 비판한 내용은 삭제하기 시작했다.4

하지만 스펄젼은 인상적인 사역을 했음에도 불구하고 좀 이상하고, 심지어 쇼킹하기도 한 믿음을 고수했다. 여기에 그 중 몇 가지를 소개한다.

1. 스펄젼은 한 번도 안수받은 적이 없었고 안수가 중요하다고 믿지 않았다. 그는 또한 명예로운 직함의 사용을 반대했다.

이것은 안수뿐만 아니라 사람을 높여서 "존경하는Reverend"이라고 부르며 명예로운 직함을 고수하는, 스펄젼이 속한 진영의 많은 개혁주의자에게 경종을 울려왔다.

다음은 이 주제들에 관해 스펄젼이 언급한 긴 비판의 글에서 발췌한 것이다.

무슨 까닭에 비국교도Deissenters 중에서 불필요하기 짝이 없는 안수를 실행하는 것인가? 수여할 특별한 은사가 없는데, 어째서 아무때나 빈손으로 안수를 하는가? … 여러 해 동안 설교해온 사람은 미스터 브라운Mr. Brown이었다. 하지만 그가 안수받거나 인정을 받은 후에 존경하는 미스터 브라운Reverend Mr. Brown이 되었다면, 무슨 중요한 변화를 그가 경험했다는 말인가? … 여기에 존경할 수 없는unreverend 설교자의 존경하는reverend 학생들이 있는데, 한 사람에게는 예의상 그 직함을 붙여주고, 같은 이유로 다른 사람에게서는 그 직함을 주지 않았다. … 우리는 이웃 교회들과 그들의 사역자들이 선택하고 인정한 것에 이의를 제기하지 않는다. 그와는 반대로, 우리는 그것이 기독교의 그 정신으로 승인한 우호적인 행위라고 믿는다. 하지만 그것이 본질로 여겨지고, 의식으로 간주되고, 합의를 이루는 최고의 장치라고 생각된다면, 우리는 이의를 제기한 다.

그는 더 나아가서 영적인 임무가 오직 안수받은 자에 의해 수행될 수 있다는 사상을 비난했다.

어떤 교회들은 오직 안수받거나 인정을 받은 사역자만이 주의 만찬을 집례해야 한다는 개념을 갖고 있다. 우리는 이 지독한 천주교 제도를 참는데 한계가 있다. 하지만 그것은 결코 드문 일이 아니다. 매월 첫 일요일을 제외한 다른 일요일에, 안수받지 않은 사람들에 의해 가장 효과적으로 공급되던 강단이 첫 일요일에는 그들에 의해 비워져야 한다. 왜냐하면, 정해진 목사 같은 친구들이 그 의식sacrament을 집례해야 하기 때문이다.

… 어떤 지역에서는 가톨릭교회에서 사제가 면죄 선언하는 것 못지 않게 축도가 거의 신성하게 목사에게 위임되었다. 우리는 며칠 전 꽤 특이하다고 주목받은 일에 관해 들었는데, 그것은 교회 집회에서 의자에 앉아있던 사역자 아닌 형제가 실제로 축도를 한 이야기였다

… 평신도에 불과한데도 성직자들에 둘러싸인 채 회중을 향해 축도를 할 수 있다고 스스로 생각한 사람이 여기 있다! 우리를 둘러싼 형제들은 그가 그렇게 한 것에 기쁨을 표현했다. 하지만 이것조차도 그것이 오히려 혁신적이고 아주 추천할 만한 것임을 보여준 것이다. 의심의 여지 없이, 오늘날에도 여전히 혁신적이다.

그리고 덧붙이자면,

자신이 존경할 만한reverend 사람이라는 사실을 방문카드에 인쇄한다는 것이 우리에게는 오히려 이상하게 보인다. 그는 왜 수시로 용어를 바꾸지 않는가? 즉, 스스로를 존중할 만한 사람, 상냥한 사람, 재주있는 사람, 또는 사랑스런 사람이라고 부르면 될 것 아닌가? 이것이 이상하게 보이는가? 존경할 만한reverend 이라는 단어를 사용하는 것이 일단 정착된 후에는 그런 형용사들을 사용하는 것에 타당한 이의를 제기할 수 없는가?... 우리는 왜 비밀 조직 등의 회원들처럼 Worthy Masterships and Past Grands같은 단체에 가담하지 않는가?... 존경할 만한reverend이라는 직함은 단지 예의상의 격식 가운데 하나이다. 그렇다면 랍비Rabbi라는 직함도 유대인들 사이에서는 마찬가지이다. 하지만 제자들은 랍비라고 불리지 않았다.[5]

2. 스퍼젼은 시가cigars의 흡연은 잘못이 아니고 그것이 "하나님께 영광"이 될 수도 있다고 믿었다.

스퍼젼은 시가cigar 애연가였는데, 이것이 어떤 류의 담배도 죄라고 믿는 많은 동료 그리스도인의 비난을 유발했다.

다음은 스퍼젼이 시가의 흡연에 대해 그를 비판하는 사람들에게 대답하면서 1874년 9월 23일, 데일리 텔레그래프Daily Telegraph에 기고한 긴 편지에서 발췌한 내용이다.

나는 담배의 흡연 자체가 죄라는 말에 전적으로, 그리고 아주 분명하게 이의를 제기한다. 그것이 다른 그저 그런 행위처럼 그렇게 될 수 있지만, 행위 자체로서는 죄가 아니다.

나는 나의 동료 그리스도인 수십 만명과 함께 흡연을 해왔는데, 그들과 함께 습관적인 죄 가운데 사는 심판 아래에 있다. 만일 특정한 고발자들을 신뢰할 수 있다면 말이다. 내가 고의로 하나님의 법 가운데 가장 작은 것을 어기며 그 법을 범하는 죄 안에서 살려고 하지 않듯이, 내가 죄를 의식하지 않을 때는 죄를 인정하지 않을 것이다.

하나님의 명령에 사람의 법을 첨가한 바리새적인 제도가 이 사회 안에 서서히 생겨나고 있는데, 나는 이 제도에 단 한 시간도 양보하지 않을 것이다. 나의 자유를 보전하는 것은 나를 향한 많은 선한 사람의 비난과 독선의 비웃음을 초래할 수 있다. 하지만 나는 하나님 앞에서 나의 양심이 깨끗하다고 느끼는 한, 평온하게 그 둘 다를 감내할 것이다.

"하나님의 영광이 되는 흡연"이라는 표현 하나만 보면 나쁜 말로 들리는데, 나는 그것을 합리화하지는 않는다. 하지만 내가 그 말을 적용했을 때의 느낌으로 나는 여전히 그 말을 고수한다. 어느 그리스도인도 하나님께 영광을 돌릴 수 없는 그 무엇을 해서는 안 된다. 그리고 이것은 먹는 것, 마시는 것, 그리고 삶의 일반적인 행동 안에서 성서에 의해 실천될 수 있다.

나는 시가를 흡연한 다음 심한 고통이 완화되고, 피로한 두뇌가 진정되고, 그리고 평온하고 상쾌한 잠을 잤을 때, 하나님께 감사한 마음을 느끼고, 그분의 이름을 높이게 된다. 이것이 내가 말하려던 것이다. 그리고 나는 결코 신성한 말을 하찮게 사용하지 않았다.6

스퍼젼은 또한 그 주제에 관해 다음과 같이 말했다고 전해진다.

어째서 사람이 그의 부츠boots가 검다고 그것을 죄라고 생각할 수 있을까? 글쎄, 그렇다면 그에게 그것을 포기하고 흰 색을 칠하라고 하라. 나는 내가 행하는 그 무엇이라도 부끄러워 하지 않는다고 말하고 싶다. 그리고 나는 흡연이 나를 수치스럽게 한다고 느끼지 않으므로 하나님의 영광을 위해 흡연을 하겠다.7

3. 스퍼젼은 빚을 지는 것은 허용될 수 없다고 믿었다.

그는 이것을 너무 강하게 느낀 나머지 빚을 지지 않으려고 그의 여행과 사역에 꼭 필요한 교통 수단을 기꺼이 팔아치울 수 있었다.

나는 나 자신의 수입에서 가능한 한 큰 액수를 지불했고, 내가 가진 모든 것을 동원해서 해결했다. 그리고 나서, 그런 노력을 지속하라는 주님의 음성을 듣고 나의 소비를 중단했다. 그것은 우리가 빚을 져야 하는 평계를 대면 안 된다는 것에 내가 단호하게 설득되었기 때문이다. 나의 말과 마차가 지속적으로 말씀을 전하러 다니기 위해 나에게 거의 절대적으로 필요한 교통 수단이었음에도 불구하고, 나는 그것들의 판매를 제안했던 경우도 있었다.8

스퍼젼은 모든 사람이 그들의 수입 이하로 돈을 잘 사용해야 하고, 첫 번째로 줄여야 하는 것이 맥주에 들어가는 돈이라고 생각했다.

그의 말을 들어보자.

만일 우리의 가난한 사람들이 술을 마셔서 낭비하는 돈의 액수를 볼 수만 있다면, 너무 놀라서 그들의 머리카락이 서게 될 것이다. 왜냐고? 맥주의 강을, 바다 크기의 흑맥주를, 거대한 호수의 알코올과 다른 독주를 삼켜버리기 때문이다. 만일 술로 낭비한 것을 현명하게 사용할 수 있다면, 우리는 모두 신사처럼 옷을 입고 싸움닭처럼 살아야 한다. 우리는 우리가 가진 돈을 전부 쓰기 위해 아침 일찍 일어날 필요가 있을 것이다. 왜냐하면, 우리가 술통 꼭지에서 떨어지는 방울을 멎게 해서 졸지에 큰 부자가 되었음을 스스로 발견하게 될 것이기 때문이다. … 만일 젊은 사람들이 자신을 부인하고, 열심히 일하고, 열심히 살면서, 일찌감치 저축을 할 수 있다면, 수많은 사람처럼 평생 쉬지 않고 죽어라 일할 필요가 없을 것이다. 그들로 하여금 절약을 위해 술을 입에도 대지 않게 하자. 물이 가장 강력한 음료이고, 그것이 방아를 돌린다. 그것이 사자와 말의 음료이다. 삼손은 다른 어떤 것도 마신 적이 없었다. 맥주에 들어가는 돈으로 머지않아 집을 짓게 될 것이다.9

4. 스퍼젼은 게으른 사람들일하지 않는 사람들은 소망이 없고, 그들을 개선시키려고 시간을 허비할 가치가 없다고 생각했다.

스퍼젼은 일 중독자여서 다른 사람들에게도 자기가 했던 것처럼 열심히 일하라고 엄청난 압박을 가했다.

이 점에 관해서 그는 이렇게 말했다.

> 침대에 누워있는 게으른 사람들은 결코 노동자가 아니다. 돼지가 황소이거나 엉겅퀴가 사과나무일 수 없듯이. 빨간 코트를 입었다고 해서 다 사냥꾼이 아니며, 스스로를 노동자라고 부른다고 해서 다 노동자가 아니다. 나는 때때로 이런 의문을 갖는다: 우리 가운데 어떤 고용주들은 어째서 쥐를 잡지도 못하는 고양이들을 그렇게 많이 데리고 있을까? 나라면 곧 일하는 체 하는 사람들의 임금을 5 펜스는 내릴 것이다. 그들이 온종일 굼벵이처럼 기어다니는 것을 보노라면, 그것이 당신을 짜증나게 하고 소름끼치게 할 것이다. '서로 자기 방식대로 살아가는 것'이라는 말이 있지만, 나는 게으른 사람들은 그 범주에 포함시키지 않는다. "일하지 않는 자는 먹지도 말라."10

스퍼젼의 전기를 쓴 한 작가에 의하면,

> 그의 스퍼젼의 첫 번째 책망의 말은, 바쁘게 사는 그가 크게 반감을 가졌던 게으른 사람들을 향한다. … 그의 생각에는, 게으른 사람들이 그들이 죽고 나서 교회당 뜰의 잔디를 자라게 하는 것을 제외하곤, 아무 소용이 없었다.11

5. 스퍼젼은 예배 때 악기를 허용하지 않았다.

스퍼젼은 "선교 집회 때는 미국 오르간의 사용을 묵인했다." 하지만, 그 외에는 아주 드문 경우를 제외하곤 악기의 사용을 절대로 허용하지 않았다. 전반적으로, "스퍼젼은 하나님을 예배하는데 있어 기악instrumental music에 대해 뿌리 깊은 반감을 가졌다."12

6. 스퍼젼은 정치적으로는 좌파 쪽으로 기울었다.

스퍼젼 전문가들은 그가 정치적으로 근본적인 "좌파 인사left-winger"였다고 지적해왔다. 스퍼젼은 더 보수적인 벤자민 디즈레일리Benjamin Disraeli보다 진보주의자인 윌리암 글래드스톤 총리Prime Minister William Gladstone의 정치적 견해와 전반적으로 궤를 같이 했는데, 특히 군비 확장에 있어서 그랬다.

스퍼젼은 "소수자"로 여겨지는 사람들의 인권을 옹호했다. 1800년도의 선거에서, 그는 보수당을 반대하는 진보주의자들을 찬성하며 선거판을 거의 혼자 힘으로 흔들어놓았다고 알려졌다.13

스퍼젼은 그의 입으로 이렇게 말했다: "나는 살아있는 그 어떤 사람과도 마찬가지로 진보주의자이고, 미스터 글래드스톤을 향한 나의 애정 어린 존경심은 그 어느 때보다 뜨겁고 깊다."14

그렇긴 해도, 스퍼젼은 또한 낙태를 심히 반대했다. 낙태를 영아 살해라고 믿었으므로 낙태의 사악함에 대해 격분한 것이다. 그는 또한 하나님께서 그분을 높이는 나라들에 복을 내려주신다고 믿었다. 따라서 스퍼젼은 종종 정치적으로는 진보주의자였지만, 어떤 사회적 이슈들에는 보수적이었다.15

7. 스퍼젼은 질병의 초자연적인 치유가 아직도 일어난다고 믿었다.

이것이 현대 은사주의자들과 오순절 교인들에게는 쇼킹하지 않겠지만, 많은 그의 진영 사람침례교와 개혁주의에게는 쇼킹한 사실일 것이다.

이것을 알기 때문에, 스퍼젼은 공개적으로는 하나님의 치유를 옹호하기를 주저했다. 스퍼젼은 사람들이 그를 치유 사역자로 보는 것을 원치 않았으므로, 종종 눈에 띄지 않게 병실과 개인 서재에서 병자들을 위해 기도했다.16

그는 그의 놀라운 치유의 경험을 드러내지 않았는데, 재차 말하지만 그것은 아마 사람들이 그를 치유 사역자로 부풀리는 것을 방지하기 위함이었던 것 같다.17

8. 스퍼젼은 가장 굳건한 그리스도인들조차도 때로는 우울증, 절망감, 그리고 의심에 직면할 수 있다고 믿었다.

이것은 그리스도인의 삶이 언제나 승리, 믿음, 그리고 기쁨으로 충만해야 한다고 믿는 사람들에게는 의외일 것이다.

스퍼젼은 종종 우울증에 시달렸다. 그는 정신 건강에 관한 책을 30권 이상 소유했고, 그의 우울증을 "거친 옷을 입은 선지자"라고 불렀다고 전해진다.

아래의 그가 한 말을 주목하라.

이 우울증은 주님께서 나의 사역에 내려주실 큰 복을 예비하실 때는 언제든지 나에게 엄습한다. 축복의 구름은 조각 나기 직전에 검은 색을 띠고, 자비의 폭우를 내리기 전에 빛을 잃어버린다. 우울증은 이제 나에게 거친 옷을 입은 선지자가 되었다. 즉, 그것이 내 주님의 풍성한 복이 가까이 다가왔음을 예고하는 침례세례 요한이 된 것이다.18

9. 스퍼젼은 하나님의 음성을 들었고, 그 음성이 그에게 대학 교육을

받지 말고 설교를 계속하라 했다고 믿었다.

　이것이 많은 은사주의자나 오순절 교인에겐 놀랍지 않겠지만, 사실인즉 스퍼젼은 개혁주의자였다. 모든 개혁주의자가 오늘날 기적을 일으키는 은사들의 역할을 거부하는 것은 아니지만, 상당수는 그렇다. 학자들은 스퍼젼이 들은 음성이 직접 귀로 들은 것인지 아니면 단순한 느낌이었는지에 대해 의견이 엇갈린다. 스퍼젼 자신은 그 음성이 "특이한 착시 현상이었을 것"이라고 말했다.

　한 전기 작가는 대학 교육을 받지 않고 설교를 계속하기로 한 스퍼젼의 결정에 관해 다음과 같이 기술했다.

> 하지만 미스터 스퍼젼이 그것을 하나님의 음성이라고 확실히 믿었음에 틀림없다. 아무튼, 그는 그의 인생에서 가장 중요한 결정을 내리는 데 그 음성이 역할을 하도록 했다. 그리고 그 이후로도 그 음성을 생생하게 간직해서, 아주 어려운 상황에 처했을 때 그의 마음이 그가 취할 행동을 결정할 수 있게 했다.[19]

스퍼젼 자신의 말에 의하면,

> 그날 오후 나는 마을의 기차역에서 말씀을 전하기로 하고 미드섬머공원Midsummer Common 안의 체스터턴Chesterton으로 가는 작은 나무다리를 묵상을 하며 천천히 걷고 있었다. 공원의 한복판에서, 나는 특이한 착시 현상일 수도 있는 큰 음성 같은 것을 경험하고 깜짝 놀랐다. 그것이 무엇이든 간에, 내 마음에 남긴 인상은 아주 생생했다. 나는 아주 뚜렷하게 다음과 같은 말씀을 들은 것 같았다: "네가 너를 위

하여 큰 일을 찾느냐? 그것을 찾지 말라!" 이것은 나로 하여금 나의 위치를 다른 각도에서 보도록 했고, 나의 동기와 의도를 향해 도전장을 던졌다.[20]

10. 스퍼젼은, 사람들에 관한 일들을 초자연적으로 알고 그들에게 "예언의 말씀"을 준다는 은사를 믿었다.

스퍼젼은 그 당시 행하여지던 예언의 은사를 믿었을 뿐만 아니라, 심지어 그가 몰랐던 사람들의 죄를 알아맞추면서 그 은사를 실제로 사용했다. 여기에 그 실례를 소개한다.

> 월요일 저녁 기도회 때… [스퍼젼은] 엑시터 홀Exeter Hall에서 설교를 하다가 갑자기 그의 주제에서 벗어나 특정한 방향을 가리키며 이렇게 말했다: "거기 젊은이, 당신이 낀 장갑은 돈 주고 산 것이 아니고 당신 주인 몰래 훔친 것이지." 집회가 끝났을 때, 아주 창백한 얼굴로 불안해 하는 한 젊은 청년이 성구 보관실로 와서 미스터 스퍼젼에게 비공식 인터뷰를 요청했다. 방으로 인도된 후에 그는 테이블 위에 장갑 한 켤레를 올려놓고 눈물을 흘리며 다음과 같이 말했다: "내가 나의 주인의 물건을 훔친 것이 이번 처음이었습니다. 결코 다시는 훔치지 않겠습니다. 당신이 내 죄를 폭로하지는 않겠지요? 만일 내가 도둑질 한 소식을 내 어머니가 듣게 되면 돌아가실 거예요."[21]

결과적으로 그 젊은이는 회심을 했다.

또 다른 예를 들자면, 스퍼젼은 초자연적인 "지식의 말씀"을 드러내면서 이렇게 말했다: "저 2층 발코니에 호주머니 안에 술병을 갖고 있는 남

자가 있습니다."²²

11. 스퍼전은 사람들이 그리스도께 회심하기 전에 한 기도에 하나님께서 응답하신다고 믿었다.

스퍼전은 자신에 관해 이렇게 말했다: "하나님은 내가 회심하기 전인 어린아이였을 때 기도한 것을 응답하셨다."

이 믿음은 하나님께서 오직 그리스도인들의 기도만 들으신다고 믿었던 당대의 사회에서는 급진적인 것이었다. 그리고 이것은 스퍼전을 비판하는 어떤 극단적 칼빈주의자들의 비난을 받았다.

스퍼전이 교회사에서 위대한 사람들 중 하나인 것에는 의심의 여지가 없다. 그러나 그가 믿었던 많은 것이 수많은 신자의 눈쌀을 찌푸리게 하는 것을 보면서, 당신이 동의하지 않는 동료 그리스도인들에게 은혜를 더 베푸는 것이 어떻겠는가?

이제 많은 사람이 현대 복음 전도의 아버지라고 믿는 사람에 관해 살펴보자.

13 • D. L. 무디가 가졌던 쇼킹한 믿음

> 하나님은 결코 남을 비판하는 분별력을 우리에게 주시지 않았고,
> 그들을 중재하는 분별력을 주셨다.
> 〈오스왈드 체임버즈〉

D. L. 무디는 교회사에서 내가 선호하는 거물이다.

그는, A. W. 토저, 찰즈 스퍼젼, G. 캠벨 모간G. Campbell Morgan과 함께, 예수 그리스도의 처음 제자들〔소 사람 바울을 제외한〕처럼 정식 신학 교육을 받지 못한 사람들을 크게 사용하시는, 하나님의 뒤집어엎는 주특기를 보여준 대단한 증인이었다.

무디의 경우, 그가 전반적으로 교육을 거의 받지 못했지만 부인할 수 없는 하나님의 손길이 그의 인생에 임하였다. 한 역사가에 의하면, "그가 처음 교회의 정식 회원이 되려고 신청했을 때, 기독교 교리에 관한 구두 시험에서 낙방했으므로 그것이 거부되었다."[1]

사실인즉, 열 여덟 살의 무디가 어린이 주일 학교 수준의 기초적인 질문에 만족스런 대답을 할 수 없었던 것이다.

무디가 받은 질문은, "그리스도께서 당신과 우리 모두를 위해 하신 일이 무엇인가? 특히 그분이 우리의 사랑과 순종을 받으시기에 합당한 자격을 어떻게 얻으셨는가?" 무디의 대답은 다음과 같았다: "내 생각엔 그분이 우리 모두를 위해 뭔가 대단한 일을 하셨지만, 나는 그분이 특별히 무슨 일을 하셨는지는 모르겠습니다."

이 대답 때문에 "회심을 한 충분한 증거"가 없다고 판정되었다. 무디는 그 후에 멘토의 교육을 받고 두 번째 시험에서 회원 자격을 얻게 되었다.

무디의 대답은 아마 그가 유일신교Unitarian Church에서 자라났고 열 일곱 살이 되어서야 처음으로 복음을 들었기 때문일 것이다.2

따라서 만일 우리가 젊은 무디에게 인내할 수 있다면특히 그가 나중에 어떻게 변화되었는지를 보고, 피차 간에 인내할 수 있지 않을까?

무디는 남북전쟁에 군인으로 참전했고, 링컨Lincoln 대통령이 그의 유명한 주일학교를 방문했었다. 또 그랜트Grant 대통령이 그가 인도했던 전도집회에 참석했었다.

그는 TV, 라디오, 팟캐스트, 블로그, 그리고 인터넷이 없던 시대에 그의 목소리로그리고 글을 써서 1억 명에게 복음을 전했다고 추정된다.3

"하나님은 죄를 미워하시지만 죄인은 사랑하신다"는 문구를 들어본 적이 있는가? 무디가 그것을 대중화시킨 장본인이다.

무디가 남긴 말 세 가지를 더 소개하겠다.

인격이란 어둠 속에서의 사람 됨됨이다.4

만일 위원회가 꾸려졌었다면 노아의 방주는 결코 만들어지지 않았을 것이다.5

그리고 내가 가장 선호하는 것은 이것이다.

당신은 어떤 사람들을 친밀하게 알수록 그들이 더욱더 작아진다고 알고 있겠지만, 내 경험으로는 그리스도를 알면 알수록 그분은 더욱

커지게 된다.6

초등학교 5학년까지 받은 교육이 전부이고, 철자법이 엉망이고 어휘가 빈약하고, 신학적 훈련은 전무했던 무디는 여러 개의 학교를 세웠다. 그의 이름을 딴 성경 학교와 출판사가 아직도 운영되고 있다. 이것이 형편없는 교육을 받은 그로서는 정말로 놀라운 일이 아닐 수 없다.7

무디는 본질적으로 "평신도 복음전도자"였다. 그는 안수받은 목사가 아니었고, 훈련된 신학자이거나 학자도 아니었다. 사실, 그에 대한 첫 인상은 시골뜨기에 지나지 않았다. 하지만 그는 사람들을 그리스도의 복음으로 감화시키는데 놀랄 만큼 효과적이었다.8

무디가 나에게 강한 인상을 남긴 또 하나는 가난한 사람들을 위했던 그의 마음이다. 무디가 시카고의 빈민가너무 위험한 지역이라서 "작은 지옥Little Hell"이라고 불렸다에서 사역을 시작했을 때 그의 나이는 스물이 갓 넘어서였다. 그는 궁핍한 사람들을 돕기 위해 손해를 감수하고 저축한 것을 몽땅 내놓았을 정도로, 가장 연약하고 가장 못 살았던 잃어버린 영혼들에게 마음이 갔다.9

그렇긴 하지만, 무디가 믿었던 쇼킹한 믿음 몇 가지를 여기에 소개한다. 그중 얼마는 오늘날 복음주의자들에게 당황스러운 것들이다.

1. 무디는 지옥에 관해 거의 설교하지 않았다.

이것은 부흥 강사들과 복음 전도자들이 "지옥"을 주된 주제로 삼아 설교했던 18세기와 19세기에는 쇼킹한 일이었다.

이것 때문에 비판을 받았을 때 무디는 이렇게 대답했다: "수많은 사람이 내가 종교의 공포에 관해 설교하지 않는다고 말한다. 나는 원치 않는다. 사람들에게 겁을 줘서 하나님 나라로 인도하기를 원치 않는다는 말이다."10

하나님의 사랑이 무디의 마음을 사로잡았기 때문에, 그는 대부분의 설교에서 하나님의 사랑을 전하는 쪽을 택하고 지옥이라는 주제는 피했다.11

2. 무디는 전천년설(예수님이 천년 왕국 전에 재림하신다는 견해)을 지지했다.

이 견해가 레프트 비하인드Left Behind 영화와 책들의 팬들에게는 쇼킹하지 않지만, 무디가 "북 아메리카의 역사에서 첫 번째로 전 천년설을 설파한 복음 전도자로 주목받는다. 나머지는 후천년설을 지지했다.12

그렇긴 하지만, 무디는 그리스도의 재림에 관한 세부적인 사항은 꼼꼼하게 제시하지 않았다. 그래서 우리가 이 주제에 관한 그의 정확한 견해는 확인할 수 없다. 무디는 "나의 주 예수님께서 오실 때" 라는 제목의 설교에서 이렇게 말했다: "여러분은 자신을 위해 성서를 공부해서 여러분 자신의 결론에 도달해야 합니다."13

따라서 마지막 때에 관한 확실성이 사역을 위한 자격 요건이라고 믿는 사람들은 이것을 기억하라. 무디에게는 휴거가 일어날 시기에 관한 확실성이 없었다는 사실, 그리고 전반적으로 그가 마지막 때에 관해 독단적인 태도를 취하지 않았다는 사실은 오늘날의 어떤 그리스도인들에게는 경종이 될 것이다.

3. 무디는 크리스천 진화론자 헨리 드러먼드Henry Drummond를 그가 만났던 사람들 중 가장 그리스도를 닮은 사람이라며 포용했다.

무디가 살던 당대에는 그렇게 "지지하는 것" 자체가 쇼킹한 일이었다.

그리고 그것은 연좌제guilt-by-association라는 카드를 써서 다른 신자들을 비난하는 그리스도인들의 공분을 일으킬 것임에 틀림없다.

무디는 단지 그가 드러먼드를 그의 몇몇 집회의 강사로 세운 것 때문에 "이단자"로 낙인 찍히며 맹렬한 공격을 받았다. 그 결과로 그가 제법 큰 금액의 재정적 후원을 잃게 되었다고 믿을 만한 근거가 충분하다.

드러먼드가 하나님께서 진화의 원리를 통해 인간을 창조하셨다고 믿었기 때문에 많은 그리스도인은 그를 평가절하한다. 드러먼드는 1894년에 출간된 *The Ascent of Man*을 집필했다. 그 책은 기독교와 진화 사이의 조화를 시도한 책이었다. 그것은 진화론이 대중화되던 초기 단계 때 많은 사람이 시도했었던 것이었다. 내가 존경하는 개혁주의자들 중 하나인 B. B. 와필드B. B. Warfield조차 진화의 타당성에 잠깐 발을 담그기도 했었다.

무디는 진화론을 거부했지만 그것이 헨리 드러먼드와 친구로 지내는 것을 단념시키지 못했고, 그를 지지하는 것도 그만두게 하지 못했다. 또한 진화론은 다른 사람들이 드러먼드를 공개적으로 비방하는 독설과 똑같은 말로 무디를 비난하는 것도 단념시키지 못했다. 유감스럽게도, 이런 류의 일들이 오늘날 아직도 기독교계에서 벌어지고 있다.[14]

4. 무디는 여자들을 사역에서 제외시키지 않았고, 심지어는 그들이 회중 앞에서 설교하는 것도 허용했다.

다시 말하지만, 그가 살았던 시대에는 이것이 쇼킹한 일이었다. 그리고 그것은 여자들이 남자들에게 사역하지 못하도록 입에 재갈을 물려야 한다고 믿는 오늘날의 그리스도인들에게도 쇼킹한 일이다. 그들이 무디가 믿었던 이것을 "비성서적"이라고 간주하기 때문이다.[15]

5. 무디는 교리를 이슈화하는 것을 믿지 않았다.

이런 이유로, 어떤 칼빈주의자들과 알미니안주의자들이 한편으로는 그를 내세우고, 다른 한편으로는 그에게 격분한다.

알미니아주의자들은 그의 "한 번 은혜 안에 있으면, 언제나 은혜 안에 있다" 라는 견해에 두드러기 반응을 일으킨다. 그리고 칼빈주의자들은 그가 강조하는 인간의 책임, 즉 믿음은 선택이라는 견해와 구원이 모든 사람에게 열려있다는 그의 믿음에 격분한다.

무디는 다음과 같이 말했다: "나는 하나님의 주권과 인간의 자발적 의지를 조화시키려 하지 않는다."16

그가 말한 이것은 칼빈주의자들이나 알미니안주의자들 그 누구에게도 환영받을 수 없는 말이었다.

6. 무디는 초교파적인 세계 교회주의ecumenicism를 믿었다.

이것 또한 극단적인 칼빈주의자들과 알미니안주의자들을 건드렸다.

무디는 사회 개혁, 교회 통합, 그리고 세계 교회주의ecumenicism의 진보적 명분을 포용했다. 하지만, 또한 복음 전도를 추진할 때는 전천년설의 보수적 명분을 포용했다. 전천년설은 세상은 가라앉는 배이고, 배가 완전히 가라앉기 전에 가능한 한 많은 사람을 구출해야 할 책임이 그리스도인들에게 있다고 믿는 것이다.

무디는 보수주의자들과 진보주의자들을 분열시키는 이슈들을 결합시키면서 그 두 진영 사이의 다리 역할을 하는 존재로 여겨졌다. 아래에 있는 무디의 인용구는 이 문제에 대한 그의 마음을 대변한다.

이 분파와 저 분파, 이 진영과 저 진영이라는 말을 하지 말고, 오직 예수 그리스도의 위대하고 총체적인 명분 하나만을 말하십시오… 한 믿음, 한 마음, 한 영만 있어야 합니다… 오직 그리스도만을 위해 싸웁시다… 오, 소수 분파들의 생각이 들어올 수 없도록, 여기에서 하나님의 거룩한 이름을 영광스럽게 하기 위해 하나님의 영이 우리에게 한 마음과 한 영을 주시도록, 우리 안에 어떤 식으로든지 그들의 설 자리가 없도록, 하나님께서 그분의 사랑 및 영혼을 사랑하는 것으로 우리를 채우시기를.17

그렇지만, 그의 사역을 통틀어 무디는 극단적인 좌익과 극단적인 우익을 초월하는 그 곳에서 산다는 것이 위험하다는 것을 배웠다. 왜냐하면, 두 진영 전부 다 당신을 향해 총구를 겨누고 있기 때문이다!

7. 무디는 어떤 로마 가톨릭 신비주의자들은 도움이 된다는 것을 알게 되었다.

이것 때문에 오늘날 많은 그리스도인이 그를 모욕하기도 한다. 무디는 그의 저서 *One Thousand and One Thoughts from My Library*에서 기독교 신비주의자 마담 귀용Madame Guyon과 마담 스웨친Madame Swetchine을 포함한 225명의 저자들을 언급한다. 가톨릭교회의 많은 사람은 귀용의 저서들에 대해 눈쌀을 찌푸려왔다. 그도 그런 것이, 한 때는 그들이 그 책들을 금서 목록에 올려놓았었기 때문이다.18

가톨릭의 가르침에 대한 무디의 견해에 관해서: "그는 화체설transubstantiation에 반하는 설교를 했다. … 그리고 사제가 주관하는 고해성사와 면죄를 반대하는 설교를 했다." 하지만 그는 또한 "세계 복음화를 위해서는 로마 가톨과과 협력하는 것을 지지했다." 그리고 그는 "로마 가톨릭 성당이 그의 고향에 건축될 때 '적지않은 액수'를 기부했다." 아울러, 무디는 한 때 "로마 가톨릭 주교에게 기도해줄 것을" 부탁하기도 했다.20

8. 무디는 십계명 전부가 그리스도인들에게 구속력이 있고, 그것들을 범하면 처벌당한다고 믿었다. 그리고 그는 십계명을 충분하게 강조하지 않는 설교자들을 비판했다.

이것이 놀라운 이유는 무디가 그의 멘토였던 찰즈 스퍼젼을 바로 이것을 근거로 다음과 같이 비판했기 때문이다.

> 나는 십계명에 관해 설교를 들어본 기억이 없다. 나에게 스퍼젼의 설교 2,500편의 목록이 있는데, 그중 단 하나도 출애굽기 20장 1절부터 17절까지를 본문으로 한 것은 없다. 십계명이 여전히 구속력이 있고 그것들을 범할 때 처벌이 따른다는 것을 사람들에게 이해시켜야 한다. 우리는 복음이 단순한 감정이기를 원하지 않는다. 산상수훈이 십계명을 지워버리는 것이 아니다.20

오늘날 많은 그리스도인은 그리스도인의 삶에 있어 모세의 율법의 역할을 놓고 분열되어 있다. 어떤 사람들은 그리스도인들은 토요일(어떤 사람들이 진정한 안식일이라고 말하는)을 거룩하게 지켜야 할 의무가 없다고 주장하며 안식일 계명이 그리스도 안에서 완성되었다고 믿는다.21

다른 한편으로, 무디는 수많은 "부주의한 그리스도인"이 "가까스로" 천국에 들어갈 것이라고 믿었다. 이 점에 관해서 그는 이렇게 피력했다.

> 더구나, 실로 성서가 분명하게 가르친다고 생각하는 바, 아주 많은 부

주의한 그리스도인이 천국에 들어갈 개연성이 큰 것으로 보인다. 수많은 그리스도인이 가까스로 들어갈 것이다. 또는 롯이 소돔에서 그랬듯이 "불 가운데서" 구출될 것이다. 그들이 간신히 들어갈 것이지만 기쁨의 면류관을 쓰지는 못할 것이다. 하지만 모든 사람이 천국으로 달려가지는 못할 것이다. 아주 많은 사람이 거기에 없을 것이다.22

나는 이 장의 앞으로 가서, 타당한 이유에 의해 무디가 복음주의의 수퍼스타였음을 다시 강조하고 싶다. 이것을 염두에 두고, 그의 견해에 흠이 없는 것이 아님을 알아야 한다. 그러므로 우리가 다시 은혜로regrace 가야 하지 않겠는가?

다음 장에서는, 20세기에 가장 널리 알려졌던 기독교 지도자가 믿었던 의외의 사상을 살펴볼 것이다.

14 • 빌리 그레이엄의 쇼킹한 어록 일곱가지

> 진정한 중재는, 당신의 삶 속으로 치고 들어오는 사람이나
> 환경을 받아들이는 것을 포함한다. 그 사람이나 환경을 향한
> 하나님의 태도에 의해 하나님 앞에서 당신이 변화될 때까지.
> 〈오스왈드 체임버즈〉

빌리 그레이엄은 상징적인 인물이다. 역사상 그레이엄처럼 기독교 신앙에 큰 영향을 끼친 사람은 거의 없다. 다른 모든 하나님의 일꾼의 경우도 그렇듯이 그를 비판하는 사람들이 있지만, 그에 관해서는 긍정적으로 말할 수 있는 것들이 헤아릴 수 없이 많고, 모두 다 괄목할 만한 것들이다. 그레이엄은 그의 인생을 통틀어 417회 이상의 대규모 전도 집회에서 줄잡아 2억 천오백만 명의 사람들에게 복음을 전했다.

2005년 여름에 열렸던 그의 마지막 전도 집회에서, 그레이엄은 사흘 동안 이십오만 명에게 설교했다.

그레이엄은 그의 놀라운 복음 전도 사역에 덧붙여서 열두 명의 미국 대통령을 만나 함께 기도하거나 그들을 상담했다.1

나의 사견이지만 정확한 견해로 그레이엄은 "위대한 인물" 중 하나였다.

그렇긴 하지만, 여기에 거의 알려지지 않은 빌리 그레이엄에게서 나온 쇼킹한 인용구 일곱 가지를 소개한다. 그레이엄이 "틀을 깨는" 비전통주

의자로 분류되지는 않지만, 이 인용구들은 전통적인 복음주의 사고에 상충되는 그의 단면을 보여준다.

당신이 이 인용구들과 궤를 같이 하든 그렇지 않든, 그것들은 많은 복음주의자를 놀라게 할 것이다.

1. 무슬림과 불교 신자가 구원받게 될까? (로버트 슐러Robert Schuller 와의 인터뷰)

슐러: 기독교의 미래에 대해 어떻게 생각하는지를 말해 주십시오.

그레이엄: 글쎄요. 기독교와 진정한 신자에 관해서, 나는 전 세계의 모든 기독교 그룹 또는 기독교 그룹 밖의 그리스도의 몸이 있다고 생각합니다. 나는 그리스도를 사랑하는 모든 사람 또는 그리스도를 아는 모든 사람은, 그들이 그것을 의식하든 그렇지 않든 그리스도의 몸에 속한 지체들이라고 생각합니다. 그리고 세상 전체를 언제라도 그리스도께로 돌아오게 하는 전반적인 대 부흥은 우리가 보지 못할 것이라고 나는 생각합니다. 나는 야고보가 이것에 대답했다고 생각합니다. 예루살렘에서 모였던 첫 번째 공회에서 그 사도 야고보가 이 세대를 향한 하나님의 목적이 그분의 이름을 위하여 사람들을 불러내는 것이라고 말했던 그것 말입니다. 그리고 이것이 오늘날 하나님께서 하시는 일입니다. 즉, 하나님께서 그분의 이름을 위하여 사람들을 세상에서 불러내시는 것입니다. 그들이 무슬림 세계에서 오든, 불교 세계에서 오든, 기독교 세계에서 오든, 불신자 세계에서 오든 관계없이, 그들은 하나님께서 부르셨기 때문에 그리스도의 몸에 속한 지체들입니다.

그들이 예수님의 이름은 알지 못할 수도 있지만, 마음 속에 그들이 갖고 있지 않은 뭔가가 필요함을 알고 그들이 갖고 있는 유일한 빛으로 돌아온다면, 나는 그들이 구원을 받았고 우리와 함께 천국에 들어갈 것이라고 생각합니다.

슐러: 당신의 말은 사람들이 흑암 가운데서 태어나 성경을 한 번도 접한 적이 없더라도 예수 그리스도께서 그들의 마음과 영혼과 삶에 들어오시는 것이 가능하다는 뜻입니까? 이것이 당신이 한 말의 정확한 해석입니까?

그레이엄: 그렇습니다. 그 이유는 내가 이것을 믿기 때문입니다. 나는 세계 여러 곳에서 종족별로 많은 사람을 만났는데, 그들이 성서를 보았거나 성서에 관해 들어본 적이 없었고 예수님에 관해서 들어본 적도 없었지만, 하나님이 계시다는 것을 그들의 마음 속에 믿고 그들이 살고 있는 주위의 사람들과는 다른 삶을 살려고 노력했습니다.

슐러: 이것은 굉장한 일이네요. 나는 당신이 이렇게 말하니까 소름이 돋네요. 하나님의 자비는 정말 폭이 넓군요.

그레이엄: 그렇지요. 정말 그렇지요.2

2. 그리스도 없이도 구원받을 수 있을까? (맥콜 잡지McCall's Magazine 와의 인터뷰)

나는 하나님처럼 행동하곤 했는데 더는 그렇게 할 수 없습니다. 나는 먼 나라의 이교도들이 그들에게 전해진 예수 그리스도의 복음이 없다면 잃어버린 영혼이고 지옥에 갈 것이라고 믿었습니다. 하지만 나는 이것을 더는 믿지 않습니다… 나는 하나님의 존재를 인식하는 다른 방법들이 있다고 믿습니다. 예를 들면, 자연을 통해서 또 다른 많은 기회를 통해서. 그러므로 그들이 하나님께 "예"라고 말할 수 있다고 믿습니다. 그레이엄은 나중에 그가 여기서 의미한 것을 명확하게 했다.3

3. 우리는 미국을 하나님 나라와 연결시켜야 하는가?

그레이엄은 그 자신이 미국인으로서 다음과 같이 말했다.

나는 미국식 생활 방식을 하나님 나라와 거의 동일시할 뻔했다. 그러고 나서, 나는 하나님께서 나를 미국보다 더 높은 왕국으로 부르셨음을 깨닫게 되었다. 나는 나를 복음의 일꾼으로 부르신 것에 충성하려고 노력해왔다.4

4. 정치와는 거리를 둠

그레이엄은 오랫동안 말씀을 전하고 여행을 해온 인생을 뒤돌아 보며 이렇게 말했다.

나는 그동안 해온 일들 중 어쩌면 정말 할 필요도 없는 것들을 포함해서 수많은 연설 약속을 잡지 말아야 했다. 예를 들면, 결혼식 주례, 장례식 집례, 헌당식 축사 같은 것들이다. … 나는 또한 정치와 무관하게 내 인생을 조정했어야 했다. 나는 하나님께서 높은 위치에 있는 사람들에게 사역할 기회들을 내게 주신 것에 감사한다. 권력층에 있는 사람들도 다른 모든 사람처럼 영적, 개인적 필요를 갖고 있는데, 그들은 종종 말할 상대가 없다. 하지만 뒤를 돌아볼 때 나는 때때로 선을 넘었고, 지금은 그렇게 하고 싶지 않다.5

5. 더 많이 예배하고, 사역은 줄이고

그레이엄은 인터뷰에서 그에게 "만일 당신이 다시 사역을 시작한다면 다르게 할 것인가?"라고 질문을 한 사람에게 다음과 같이 대답했다.

그렇습니다. 나는 더 공부할 것이고, 더 기도할 것이고, 여행은 줄일 것이고, 연설 약속도 줄일 것입니다. 나는 너무 많은 사람을 세계의 너무 많은 곳으로 데리고 다녔습니다. 만일 내가 전부 다시 시작한다면 묵상과 기도에 더 많은 시간을 할애할 것입니다. 또 그냥 내가 주님을 얼마나 사랑하고 사모하는지를 그분께 말씀드릴 것입니다. 그리고 우리가 영원토록 함께 지낼 것을 고대하겠습니다.6

이 대답은 기독교의 가장 중요한 것이 사역이라고 믿는 사람들에게는 의외일 것이다. 그레이엄은 나중에 가서야 그것이 아님을 깨달았다.

6. 교회는 권위있는 성서의 메시지를 부인해왔는가?

다음은 미래의 기독교가 어떻게 펼쳐질지를 빌리 그레이엄이 예견한 것이다. 그는 그것을 1965년에 발표했는데 그 이후로 실현되어왔다.

교회가 자연주의 종교로 바뀌면서 갈수록 더 인본주의적인 복음을 선포한다. 수많은 평신도와 성직자가 똑같이 교회의 목적과 임무에 관해 날카로운 질문을 하고 있다. 특히 미국에서는 수많은 헌신된 교인이 기도회와 성경공부 모임을 갖기 시작한다. 교회 안의 상당수의 그리스도인이 우리가 교회라고 부르는 제도를 거부하는 시점을 향해 가고 있다. 그들은 더 간편한 형태의 예배로 바꾸기 시작한다. 또 예수 그리스도에 대한 개인적이고 생생한 경험을 갈망하고, 마음이 따스해지는 믿음을 원한다.

교회가 권위있는 성서의 메시지를 빨리 회복하지 않는다면, 수백만 명의 그리스도인이 영적 양식을 찾기 위해 제도권 교회 밖으로 나가는 광경을 우리가 목격하게 될 수도 있다.7

7. 성공적인 사역자는 많은 시간을 많은 군중과 함께 지내지 않는다.

그레이엄은 아래의 인용구에서 이 질문에 대답한다: "만일 당신이 주요 도시에 있는 큰 교회의 목사라면 당신의 행동 계획은 무엇일까?"

나는 가장 먼저 할 일 중의 하나가 나를 중심으로 일주일에 몇 시간씩 모여서 동고동락할 여덟 또는 열, 또는 열두 명의 사람들로 구성된 소그룹을 갖는 것이라 생각합니다! 그것은 그들에게 시간과 노력을 요하는 일입니다. 나는 그들에게 그동안 살면서 경험했던 모든 것을 나눌 것입니다. 그렇게 하면 나는 평신도들 중에서 열두 명의 사역자를 실제로 얻게 될 것이고, 그들도 여덟 또는 열, 또는 열두 명을 모아서 그들을 가르칠 수 있게 됩니다. 나는 한두 교회가 이미 그렇게 하고 있음을 알고 있는데, 그것이 교회에 혁명을 일으킬 것입니다. 나는 그리스도께서 그 본을 보이셨다고 생각합니다. 그분은 대부분의 시간을 열두 명과 함께 하셨고, 많은 군중과 함께 지내지 않으셨습니다.

사실, 그분이 많은 군중과 함께 하실 때는 언제든지, 이건 나의 생각인데, 그리 큰 결과가 없었습니다. 내 생각에 가장 큰 결과는 개인적인 대화와 열두 명과 함께 지낸 시간에서 나타났습니다.8

그레이엄은 분명히 기독교의 기틀을 놓은 위대한 사람 가운데 하나였다. 하지만 그 조차도 의외의 견해를 갖고 있었다. 나는 이 시점에서 그 교훈다시 은혜로[regrace]을 되풀이해야 한다고 생각지 않는다.

15 • 새로운 관용

하나님께 계속 충실하는 단 하나의 방법은
기독교 사역에 대한 관심을 꾸준하고 끈질기게 거부하는 것에 의해서,
그리고 오직 예수 그리스도께만 관심을 갖는 것에 의해서이다.
〈오스왈드 체임버즈〉

만일 당신이 깨어있다면, 눈치를 챘을 것이다. 하지만 어쩌면 이 장이 그것에 언어를 입혀줄지도 모른다.

우리는 관용이라는 이름으로 극도의 편협함이 횡행하는 시대에 살고 있다. 나는 그것을 "새로운 관용"이라고 부른다.

그것은 이런 식이다.

"만일 당신이 나의 믿음과 가치관에 동의하지 않는다면 당신은 편협한 사람이다."

이것을 해석하자면, "관용의 이름으로, 나는 나의 가치와 믿음에 굽히지 않는 모든 사람을 견딜 수 없다."

아니면…

"나는 나와 동의하는 사람을 제외한 모든 사람을 견딜 수 없다. 관용의 이름으로, 나는 그들을 편협한 사람이라고 낙인 찍을 것이다."

관용이란 무엇인가?

진정한 관용은 믿음의 체계를 받아들이라고 사람들을 강요하지 않는다, 그것이 무엇이든지.

진정한 관용은 "동의하지 않는 것에 동의"할 수 있고, 정치, 윤리, 또는 신학을 덮친 소셜 미디어social media에 전혀 참여하지 않고 평안을 계속 누릴 수 있다.

진정한 관용은 모든 사람을 하나님의 형상대로 지음받은 존재로 중히 여기고, 따라서 그들을 사랑할 가치가 있는 대상으로 간주한다. 아울러, 진정한 관용은 동의하지 못하는 부분을 드러내어, 하나님의 뜻을 거스르는 믿음과 행동을 규탄하기까지도 한다.

사람의 습관, 가치, 또는 사상에 동의하지 않는 것은 미워함, 두려워함, 멸시함, 또는 병들기를 바라는 것과는 같지 않다.

사람을 사랑하는 것은 그들의 관습이나 믿음을 승인한다는 뜻이 아니다.

사랑과 승인은 같은 것이 아니다.

심지어 하나님도 사랑하시는 대상을 항상 승인하시지 않는다.

사람의 얼굴로 나타난 하나님이신 예수님은 이렇게 말씀하셨다.

> 그는 은혜를 모르는 자와 악한 자에게도 인자하시니라. 눅 6:35

이와는 대조적으로, 새로운 관용은 이렇게 말한다: "나는 나와 동의하지 않는 사람들을 제외한 모든 것에 관용을 베풀 것이다."

친애하는 친구들이여, 이것은 극도로 편협한 관용이다.

하나님의 사람들 중에서는 그렇게 되지 않게 해야 한다.

16 • 만일… 당신은 바리새인임에 틀림없다

> 바리새인은 다른 사람들에게는 엄하고 자신에게는 관대하다. 하지만 영적인 사람은 다른 사람들에게 관대하고 자신에게는 엄하다.
> 〈A. W. 토저〉

하나님의 종들에게 골칫거리였던 바리새인들이 설쳐댔던 1세기 이래로, 그것이 "은하계 저 너머에서의 아주 오래전a long time ago in a galaxy far, far away *"의 일임에도 불구하고, 바리새인들과 바리새파 사상은 아직도 여기에 그대로 있다.

그들은 가난한 사람들과 비슷하다. 즉, 그들은 언제나 당신 곁에 있다.

바리새파 사상은 오늘날 급격히 줄어들었지만발전된 임종 직후의 경직 단계를 경험하면서, 바리새적인 정신은 여전히 존재한다. 그리고 그것이 왜 수많은 비그리스도인이 예수님에 아무런 관심이 없는지의 이유이다.

나는 열 여덟살 때 바리새인들을 토끼처럼 사육했던 그룹에서 많은 시간을 보냈었다. 그리고 부끄럽지만 나도 그들 중의 하나였음을 시인한다.

그러나 하나님께 감사하는 것은, 내 삶에서 세탁기를 경험하고 그것이 나에게서 바리새인을 많이 빨아서 배수시켰기 때문이다. 많은 그리스도인이 그들의 고통을 낭비해버린다. 그리고 그렇기 때문에 젊었을 때처럼 경직되고, 냉담하고, 독선적이고, 비판적인 그대로 남아있다.

그렇다면, 만일… 당신은 그저 현대판 바리새인일 수도 있다.

---

* 역자 주: 이것은 영화 Star Wars의 도입부에 등장하는 문구이다.

당신이 당신과는 다른 식으로 죄를 짓는 사람들을 미워한다면,

바리새인들이 미워하는 그 사람들을 하나님께서 미워하신다면 아이러니하지 않은가? 헛 기침 소리

예수님은 바리새인들의 누룩 곧 외식또는 위선, hypocrisy을 조심하라고 말씀하셨다. 바리새인들은 죄 측정 기준 게임sin-metrics game을 즐겼다. 자신들의 죄에는 눈 하나 깜짝도 하지 않지 않고 다른 사람들의 죄는 확대시켰다.

유감스럽게도, "그리스도인" 바리새인들은 구 소련의 체르노빌 원전 사고보다 더한 독설을 생산하고 더 많은 독약을 퍼뜨린다. 성서는 험담을 퍼뜨리는 것에 "독약"이라는 꼬리표를 붙인다. 왜냐하면, 그것이 영적으로 치명적인 독극물에 순진한 사람들을 노출시키기 때문이다.

바리새인들은 "하나님은 우리 편"이라며 다른 사람들을 폭격하는 비난에 능숙하다.

당신이 비판하는 마음을 품고 잠에서 깨어 커피가 식기도 전에 당신이 파괴하고 싶은 사람들을 향해 음모를 꾸민다면,

이 점에 관해서, 바리새인들은 하나님을 사랑하는 사람들에게 독극물과 죽음을 주입시켰다. 이 모든 것을 하나님의 이름으로.

누룩을 퍼뜨리는 바리새인에게는, 그것이 먼저 총을 쏘고 나중에 질문을 하는 것이다. 이 문제에 관해 예수님 뿐만 아니라 야고보가 우리에게 말했던 것과는 정반대이다. 약 1:19, 4:11, 마 7:1-4, 12

E. 스탠리 존스E. Stanley Jones가 정확히 지적했듯이, "나에게 있는 비판의 영spirit of criticism의 수치는 그리스도에게서 멀어진 나의 거리의 수치이다."[1]

당신이 진심으로 사과할 수 없어 보인다면,

자신이 틀렸다고 시인하거나 잘못을 범한 대상에게 사과하는 것은 바리새인의 턱을 부숴뜨리는 것과 같다. 당신은 바리새인이 사과하거나 잘못을 시인하는 것을 보는 것보다 암탉이 이빨을 쑤시는 것을 볼 확률이 높을 것이다.

이 점에서, 바리새인들은 자신을 들여다보는 것이 심히 결여되어있음을 드러낸다.

이것은 또한 그들이 왜 그토록 적대적인지를 설명해준다. 그들은 다른 사람들을 고쳐주기 위해 존재한다. 절대로 방향을 자기 안으로 틀지 않고.

당신이 오직 다른 바리새인들과만 어울린다면,

바리새인들은 모호한 교리의 기준을 세우기 때문에, 즉 심판받고 지옥으로 떨어지는 것에 의해 모든 그리스도인을 측정하기 때문에 오로지 자기들과 같은 과의 사람들끼리만 어울린다.

아울러, 그들은 별로 행복하지 않은 무리이다. 그들은 예수님 당시에도 그랬었다. 한 헬라어 성서 사본에는 그들을 "레몬을 빨아먹는 자"라고 불렀다. 물론 이것은 내가 지어낸 농담이다. 하지만 그리 크게 벗어난 것은 아닐 것이다.

당신이 그것을 "분별력" 이라고 부르면서 악한 동기를 다른 사람들의 마음에 전가시킨다면,

바리새인들은 자신이 다른 사람들의 마음을 판단할 때 스스로 자기 마음을 배반하고 있다는 사실에 대해서는 아무것도 모른다. 바리새인들은

"성서적 순수함"의 수호자로 자처해왔기 때문에 언제나 싸워야 할 적군을 두고 있다.

그들은 또한 다른 사람들을 부당하게 심판하며 자신들이 예수님의 이름으로 행한 해로운 행위는 가리면서, 여느 때처럼 "그리스도의 가치관"을 지킬 권리를 주장한다.

뉴스 속보: 오직 하나님만이 사람의 동기를 읽을 능력을 갖고 계신다. 그리고 내가 다른 곳에서 주장했듯이, 신약성서는 인간이 그것을 주장할 때 절대로 관용을 베풀지 않는다.

그것이 그리스도의 영에 의해 주어졌을 때라도 당신이 고치기|correction를 견딜 수 없다면,

바리새인은 자신을 포함한 모든 사람이 맹점을 갖고 있다는 사실을 알아듣지 못한다. 바리새인들은 하나님이 자기 편이라고 주장하면서 형제들과 자매들을 맹비난하고 그럴듯한 왕따시키기 작전에 재빨리 편승한다.

바리새인들에게는, 육신으로 반응하고 다른 사람들을 비난하는 것이 예술이다. 그들은 그들의 독특한 성서 해석에 줄을 서지 않는 사람들을 향해 특별한 공격 전술을 구사하는데 능숙하다. 그리고 누군가가 그들의 잘못을 지적할 때는 언제든지 끓어오르기 시작한다.

렌 스위트Len Sweet와 내가 *Jesus: A Theography*에서 주장했듯이, 대부분의 복음주의자들이 예수님을 노하게 했던 것들에 대해서는 화를 내지 않는다.

결론적인 요점

나는 당신이 이 장을 읽을 때 내가 묘사한 바리새인과 맞아떨어지는 사람들이 당신의 머릿속에 가득하지 않은지 의심이 간다.

하지만 그것은 내가 진정 의도한 바가 아니다. 때때로 우리는 그 총구를 거울을 향해 돌리고 스스로 이렇게 물어볼 필요가 있다: "이것이 나를 묘사한 것은 아닐까?"

어떤 경우라도, 회개 곧 마음을 유턴U-turn하는 것이 치유이다.

유감스럽게도, 많은 사람에게 있어 양심은 아직도 작은 소리에 불과하다. 다른 사람들이 해야 할 것을 당신에게 말해주는 소리가 너무 작다는 말이다.

그런데 인간의 지능intelligence은 바리새파 사상의 음흉한 위험과 아무런 관계가 없다. 어떤 현대판 바리새인들은 기형적으로 영리하다. 하지만 이것이 하나님의 눈에는 아무 소용이 없다.고전 1장과 2장을 참조할 것

지금이 우리가 갖고 있는 "신학적 분계선을 방어"한다는 명목의 두려움을 떨쳐버릴 때이다. 그리고 수 세기 동안 지속되고 있는 대화에 은혜와 겸손함으로 참여할 때이다.

하나님의 가족에 관한 한, 누구는 들어오게 하고 누구는 내쫓는 고립의 성을 쌓고 경계선을 좁힐 여지가 없는듯 하다. 이 점에서, 바리새파 사상은 하나님의 꿈을 인간의 악몽으로 대체한다.

애석하게도, 서로 사랑하는 것을 거부하는 우리에 의해 하늘이 검게 물들어버렸다.

하나님께서 우리 모두를 긍휼히 여기시기를!

17 • 기독교 우익과 좌익이 나를 받아들이지 않는 이유 20 가지

> 당신이 신학적으로는 총신gun barrel처럼 올바를 수 있지만,
> 영적으로는 그저 텅 빈 껍데기일 수 있다.
> ⟨A. W. 토저⟩

나는 2012년 4월에 이 장의 제목을 사용해서 블로그에 글을 썼다. 그 글은 입소문을 탔다. 그것은 아픈 곳을 건드렸을 뿐만 아니라, 하나님의 사람들 가운데 교리적 이슈와 정치적 이슈를 놓고 끊임없이 벌이는 언쟁에 관해 전세계의 수많은 그리스도인이 어떻게 느끼는지를 제시한 것으로 보였다.

나는 그것을 여기에 소개하고자 한다. 왜냐하면, 그것이 이 책의 주요 핵심을 요약한다고 믿기 때문이다.

왜 기독교 우익이 나를 받아들이지 않는가?

- 나도 F. F. 브루스F. F. Bruce처럼, 성서의 진정성에 관해 얘기할 때는 절대적plenary, 또는 틀림이 없는inerrant 같은 단어가 불필요하다고 믿는다.
- 나는 예수 그리스도의 복음을 전혀 들어본 적이 없거나 이해한 적이 없는 사람들의 영원한 미래에 관한 질문에 성서가 명확하게 대답한다고 믿지 않는다.

- 나는 성서가 사람들이 제기하는 모든 질문에 답한다고 믿지 않는다. 그리고 신학적인 질문을 포함한 많은 질문이 신비에 싸여있다고 믿는다.
- 나는 미국에서 인종 차별과 성 차별이 심각한 문제이고 다른 도덕적인 악evil보다 "덜한 것"으로 보면 안 된다고 믿는다.
- 나는 비방, 미움, 탐욕, 그리고 발끈 화를 내는 것이 간음과 도적질 못지않은 죄라고 믿는다. 바울도 그렇게 믿었다. 고전 6:10-11, 갈 5:19-210
- 나는 미국의 『애국자를 위한 성서The American Patriot's Bible』*를 보고 휘파람을 불어야 할지, 시계의 태엽을 감아야 할지**, 웃어야 할지, 울어야 할지 모르겠다.
- 나는 하나님께서 가난한 사람들을 사랑하신다고 믿는다. 그리고 그들을 돌보는 것이 다른 사회적 이슈들 그 이상은 아니더라도 못지않게 최우선 순위가 되어야 한다고 믿는다.
- 내가 인간의 기원과 관련해서 진화론이 완벽하다고 믿지는 않지만, 많은 신실하고 헌신된 그리스도인이 그것을 사실유신적 진화론, theistic evolution이라고 믿는다. 그리고 그리스도께서 그들을 받아들이시기 때문에 나도 그들을 받아들인다.
- 나는 성서를 이야기 식으로 접근하는 것이 조직적으로 접근하는 것보다 성서를 이해하는데 있어 훨씬 더 나은 방법이라고 믿는다.
- 내가 많은 부분에서 브라이언 맥클라렌Brian McLaren의 가르침에 동의하지는 않지만, 그가 주장하는 어떤 것들에는 가치를 둔다.***

---

* 역자 주: 성서의 인물과 사건이 미국의 역사와 어떻게 연결되는지를 보여주기 위한 의도로 펴낸 성서.

** 역자 주: 미국에서 혼란스러워 어찌할 바를 모를 때 비속어와 함께 사용하는 표현임.

*** 역자 주: 브라이언 맥클라렌은 포스트모던 이머징교회 운동(postmodern emerging church movement)을 하는 목사이며 작가로서 그의 주장이 많은 논란을 불러일으켰다.

왜 기독교 좌익이 나를 받아들이지 않는가?

- 나는 성서 안의 모든 것이 하나님의 감동으로 되었고, 완벽하게 사실이고, 완전히 권위 있고, 전체적으로 신뢰할 수 있다고 믿는다.
- 나는 예수님께서 "내가 곧 길이요, 진리요, 생명이니 나로 말미암지 않고는 아버지께로 올 자가 없느니라"라고 하셨을 때 거짓을 말씀하신 것이 아니라고 굳게 믿는다. 그렇다고 해서 그분이 편협하다고 믿는 것은 아니다. 그리고 나는 나사렛 예수가 실제로 그 말씀을 하셨다고 믿는다.
- 내가 고급 자동차인 캐딜락 에스컬레이드나 자가용 비행기를 소유하고 있지는 않지만, 그것들을 소유하는 것이 죄라고 믿지 않는다.
- 인종 차별자나 성 차별자가 아닌데도 그들을 인종 차별과 성 차별을 하는 사람이라고 비난하는 것은 인종 차별과 성 차별 못지않은 오류라고 나는 믿는다.
- 나는 때때로 사람들이 권리에 대해 너무 많은 말을 하면서 책임을 지는 것에 대해서는 충분히 말하지 않는다고 생각한다.
- 나는 살후 3:10-12에서 바울이 일에 대하여 한 말이 오늘날 여전히 유효하다고 믿는다.
- 포스트모던 해체주의는 현대성modernity을 깎아내리는 데는 도움이 되지만, 사람들을 진리이신 그리스도께로 인도하기에는 부적절하다.
- 나는 세상 제도와 에클레시아 사이에 큰 차이가 있고, 세상 제도는 하나님의 원수라고 믿는다. 요일 2:15-17
- 아담이 실존했던 역사 속의 실제 인물이었다고 믿을 수 있는 충분한 역사적, 과학적 근거들이 있다고 주장하는 걸출한 학자가 아직도 많이 있다.

> • 나는 존 맥아더John MacArthur에 대한 많은 것에 동의하지 않지만, 그가 주장하는 어떤 것들엔 가치를 둔다.****

내가 속한 가족

위의 목록에 항목을 더 많이 집어넣고 각 항목마다 더 긴 설명을 붙일 수 있음을 주목하라.

물론, 기독교 우익에 속한 모든 사람이 내가 위에서 열거한 모든 항목에 동의하는 것은 아니다. 하지만 많은 사람이 동의한다. 기독교 좌익을 지지하는 사람들도 마찬가지이다. 하지만 많은 사람이 동의한다.

그리고 추가로, 나는 정치적이거나 신학적인 중도주의centrism에 대해 맹목적으로 추종하는 것을 믿지 않는다.

그건 그렇다 치고, 기독교 좌익과 기독교 우익이 나를 받아들이지 않아도 괜찮다. 알다시피, 나는 주님의 생명을 그들 안에 갖고 있는 모든 사람으로 구성된 하나님의 가족에 속한다. 그리고 이것은 좌와 우를 지지하는, 그리스도 안에서 나의 자매들과 형제들인 모든 사람을 포함한다.

나에게 정치적이고 신학적인 영역의 극우에 속하는 가까운 친구들과 가족이 있고, 그들이 정치 활동에 아주 열렬하게 가담하고 있다는 사실이 어떤 사람들을 놀라게 할 것이다.

나는 또한 정치적이고 신학적인 영역의 극좌에 속하는 가까운 친구들과 가족이 있고, 그들도 정치 활동에 아주 열렬하게 가담하고 있다.

내가 믿는 바와 같이, 모든 신자가 비전, 양심, 그리고 열정을 따라야 하듯, 나는 그들도 그렇게 하는 것이 기쁘다.

참고로, 이 시점에서 두 가지를 덧붙이겠다.

**** 역자 주: 존 맥아더 목사는 미국의 대표적인 기독교 근본주의자이다.

1) 기독교 좌익과 기독교 우익에 속한 사람들이, 문화를 수용하고 시저Caesar와 로마제국을 지지하는 것에 있어 피차간에 기계적으로 상대방을 비난하는 것이 나에게는 대단히 흥미롭다.

2) 일반적으로, 좌익은 "권력"을 향해 말하는 것을 옳다고 믿는다. 그러나 그렇게 할 때 그것은 보통 역 인종 차별, 가난의 완화, 부당한 전쟁에 대한 저항 등의 영역 안에 있다. 일반적으로, 우익 또한 "권력"을 향해 말하는 것을 옳다고 믿는다. 그러나 그렇게 할 때 그것은 보통 낙태, 외설물, 그리고 다른 윤리적인 이슈들을 상대로 싸우는 영역 안에 있다.

오늘날엔 우리가 "통으로 된 옷the seamless garment" 운동의 창시자인 조세프 버나딘 추기경Cardinal Josheph Bernardin의 정신으로 활약하는 지도자들이나 단체들을 거의 보지 못한다. 그 운동은 낙태 반대 뿐만 아니라 가난과 부당한 전쟁을 일으키는 원인들을 향해 저항하는 운동이다. 버나딘에게는, 낙태, 전쟁, 가난, 그리고 사형 제도에 맞서 싸우는 것이 일관되게 생명을 지향하는 것이었다.

사족을 달자면: 진보적인 민주당원이라 해서 "신선한"게 아니다. 마치 보수적인 공화당원이라 해서 "도덕적인" 게 아니듯이. 적어도 나에겐 그렇게 보인다.

여기까지가 참고로 한 말이다.

다시 말하지만, 그리스도인들이 세상을 향한 하나님의 뜻이라고 믿는 것과 관련해서 나는 언제나 그들에게 비전, 양심, 그리고 열정을 따르라고 격려해왔다. 그리고 나는 하나님 나라의 일과 관련해서 땀흘리며 수고

하는 신자들을 성원한다. 내가 다른 곳에서 글로 쓰고 말로 전했던 것처럼, 그런 일은 나에게 중요하고 또 내가 스스로 활발히 가담하고 있는 일이다.

이런 이유로, 내가 여러 신학적, 사회적, 정치적 핵심에 있어 나의 친구들이나 가족과 동의하지는 않지만, 우리는 서로 사랑하고, 존중하고, 지지한다. 특별히 궁핍한 사람들과 고통 중에 있는 사람들을 돕는 일은 정의의 측면과 긍휼의 측면 둘 다 적용된다.

그리고 우리의 차이는 결코 우리들 사이의 관계에 영향을 주지 못한다.

따라서 우익과 좌익 운동이 나를 받아들이지 않을지라도, 나는 모든 신실한 예수님의 제자와 친하다는 것을 기쁘게 선언한다. 그들의 정치적, 신학적 취향과 관계없이.

그리고 그들은 우리가 서로 사랑하는 것에 의해 우리가 그리스도인이라는 것을 알게 될 것이다.

그들은 나를 밀어내려고 원을 그렸다. 나에게 이단자, 반역자, 깔보는 것이라는 낙인을 찍은 것이다. 하지만 사랑과 나는 이기는 지혜를 가졌다. 우리는 그들을 받아주려고 원을 그렸다.
-에드윈 마크햄

예의의 상실 Loss of Civility

끝으로, 나는 릭 워렌Rick Warren이 ABC 방송과의 인터뷰에서 한 말에 정말 감탄한다.

우리 문화의 천박함과 우리 문명 안에서의 예의의 상실은 우리 나라에 관해 내가 가장 우려하는 것들 중 하나입니다. 우리는 무례하지 않고 동의하지 않는 법을 알지 못합니다. 사실인즉, 당신은 의견의 일치를 보지 않고서도 손에 손을 맞잡을 수 있습니다. 그리고 우리 나라에서 우리에게 필요한 것은 연합unity이지, 획일uniformity이 아닙니다. 우리 나라에는 정치적으로, 종교적으로, 경제적으로 엄청난 차이가 있습니다. 우리는 우리 나라 안에 많은 다른 물줄기를 갖고 있습니다… 사실, 성서는 벧전 1장에서 모든 사람 곧 내가 전혀 동의할 수 없는 사람조차도 존경하라고 말합니다. 따라서 나는 우리가 계속 나아가기 위해 우리의 문명에 예의를 돌려줘야 한다는 관점을 갖고 있습니다. 하지만 내가 그렇게 하는 이유는 더 심오한 이유 때문입니다. 즉, 예의를 위한 나의 이유에는 영적인 뿌리가 있습니다.1

18 • 그래서 당신은 동의하지 않는다고 생각하는가?

> 사람들은 종종 진리에 걸려 넘어진다.
> 하지만 대부분은 벌떡 일어나서 아무 일도 없었다는 듯이 서둘러 간다.
> 〈윈스턴 처칠〉

만일 당신이 한 말이나 쓴 글에 동의하지 않는 사람을 본 적이 있다면… 또는 다른 사람이 한 말이나 쓴 글에 당신이 동의하지 않았다면, 이 장은 당신을 위한 것이다.

시작하면서 세 가지를 먼저 소개한다. 사람들이 당신과 동의하지 않을 때….

- 어떤 사람들은 동의하지 않는 것에 너그러울 것이다.
- 어떤 사람들은 비방을 할 것이다.
- 때로는 당신과 동의하지 않는다고 생각하는 사람들 중 많은 사람이 실제로는 그렇지 않다. 하지만 "그리스도인들"이 종종 예수님께서 가르치셨던 것을 행하지 않기 때문에, 즉 당신이 동의하지 않는다고 생각하는 사람에게 곧바로 가서 그에게 질문을 하라는 가르침을 따르지 않기 때문에 오해가 쌓인다.(마 7:12)

반드시, 진실되게 동의하지 않는 경우도 있다. 그리고 우리는 그것을 환영해야 한다. 그것이 우리의 생각을 제대로 조정하는 길 중의 하나이다.

우리는 그 누구도 오류가 없다고 주장할 수 없다.

하지만 내가 책을 집필하고, 블로그를 운영하고, 말씀 집회를 인도해 온 모든 날을 통틀어 발견한 것이 있는데, 그것은 합리적인 사람과의 정중한 대화 끝에 우리가 종종 실질적인 의견 차이가 없음을 배우게 된 것이다.

적어도 나의 경험으로는 이것이 75 퍼센트의 경우에 그렇다.

그렇다면, 사람이 왜 실제로는 당신과 동의하면서도 동의하지 않는다고 생각하게 되는지의 이유 네 가지를 여기에 소개하고자 한다. 내가 여기에서 글이나 말로 된 자료를 가리키기 위해 "저자"라는 단어를 사용하고 있음을 주지하라.

1. 저자가 자신의 핵심을 분명히 밝히지 않기 때문에 그의 요지가 오해를 불러 일으켰다.

우리의 생각을 분명하게 표현하는데 있어 우리는 모두 개선의 여지가 있다. 나 자신은 글을 쓸 때 고쳐 말하기, 문장 고치기, 어감nuance 살리기 등을 사용해서 내 자료의 재작업이 가능한 한 분명해지도록 끊임없이 연마하고 있다. 하지만 내가 쓴 글에 만족한 적은 거의 없다. 윈스턴 처칠Winston Churchill의 다음과 같은 말이 나의 경험을 정확하게 묘사해준다.

책을 집필하는 것은 모험이다. 처음에는 그것이 장난감과 오락이고, 그 다음엔 그것이 정부mistress가 되고, 그 다음엔 그것이 주인이 되고, 그 다음엔 폭군이 된다. 마지막 단계는 이것이다: 당신은 당신의 종살이와 화해하려는 순간 그 괴물을 죽이고 대중 앞으로 그를 내던지는 것이다.

때로는, 우리의 말이 오해를 불러일으킨다. 그런 경우, 실제적인 의견 차이는 없고 오해만 있다.

요점: 만일 당신이 저자를 오해하고 있다고 생각하면 그에게 해명을 구하라.

2. 저자의 말이 문맥에서 발췌된 후 와전되어 다른 사람들에게로 확산되었다.

이것은 당신이 아는 것 이상으로 많이 발생한다.

2008년에 내가 조지 바나와 공저한 작고 빨간 책은 "그것을 전혀 읽어본 적이 없는 사람들에 의해 가장 많이 평가가 된 책"으로 보고되었다.*

이것이 우리로 하여금 PaganChristianity.org에 특별한 질문과 답변 페이지를 만들게 했고, 우리는 거기에서 이의와 비평에 대해 대답했다. 잠재적인 독자들은 우리가 책에서 무엇을 말하는지, 그리고 무엇을 말하지 않는지를 분명하게 볼 수 있다.

유감스럽게도, 어떤 사람들은 다른 사람의 말을 의도적으로 와전시킬 것이다. misrepresent 이것의 분명한 사인sign 하나는 사람들이 글을 비판할 때 그들이 비판하고 있는 자료에 클릭할 수 있는 링크clickable link를 게시하지 않는 것이다. 이것은 비평을 읽는 사람들이 그 비평이 정확한지 아닌지를 쉽게 확인 할 수 없게 하려는 의도이다. 이것은 특별히 온라인 블로그, 오

---

* 프랭크 바이올라와 조지 바나, 『이교에 물든 기독교』(대장간, 2011) 이 책을 둘러싼 오해가 얼마나 기이한지 그것이 Star Trek의 Mr. Spock의 얼굴마저 붉게 할 것이다. (이것은 뭔가를 시사하고 있다. 왜냐하면, Spock가 우주의 모든 것을 보았기 때문이다.)

디오, 그리고 기사에 있어서 그렇다.

요점: 만일 누가 글이나 말을 비평한다면 비평의 대상인 자료를 꼭 당신 자신이 읽거나 들으라. 이렇게 함으로써 당신은 그 비평이 정확한지 아닌지를 알게 될 것이다. 비평의 대상인 실제 자료를 먼저 읽기 전에는 부정적인 비평을 결코 믿지 말라. 그 비평 안에 직접적인 인용구가 있다고 해서 그 비평이 정확하다는 뜻은 아니다. 책의 인용구는 오디오audio에서 쉽게 일부분만 빼낼 수 있는 사운드 바이트sound bytes와 비슷하다. 사람들은 언제나 성서를 왜곡할 때 이렇게 한다.

3. 저자의 말이 독자의 경험을 통해 여과된다.

때로는 사람들이 자신의 경험과 가정을 그들이 읽고 듣는 것에 투영해서 읽는다. 그 결과, 저자가 마음 속에서 의도했던 의미가 바뀐다.

예언적인prophetic 이라는 단어를 예로 들어보자. 어떤 사람들은 이 단어가 하나님께서 개인에게 그분의 정확한 말씀을 직접적으로 주신다는 의미로 이해한다. 어떤 사람들은 그것이 구약 선지자들의 방식으로 도전하는 말의 의미로 이해한다. 어떤 사람들은 그것을 예수 그리스도를 계시하는 말로 받아들인다. 또 어떤 사람들은 그것을 미래를 예측하는 단어로 이해한다.

내가 무슨 말을 하려는지 알겠는가? 유기적organic, 선교적missional, 그리고 교회church 같은 단어들은 보통 많은 사람에 의해 아주 다른 것들의 의미로 사용되었다.

요점: 결론을 도출하기 전에 저자가 사용한 특정한 단어의 의미가 무엇인지를 알아보라.

4. 영적 대화 방식이 다르기 때문에 저자의 말이 오해를 불러일으킨다.

*Revise Us Again*에서, 나는 주된 영적 대화 방식 세 가지를 독자들에게 소개했다. 당신과는 다른 영적 대화 방식을 사용하는 그리스도인들과 함께 영성이나 신학에 관해 논한 적이 있는가? 그 결과는 팝콘popcorn이다. 사람들은 그들이 동의할 때도 동의하지 않는다고 생각한다. 서로 다른 대화 방식이 당신의 토론을 속인 것이다.**

요점: 당신이 동의하지 않는 것은 대화 방식이 다른 것에 그 뿌리를 두고 있음을 인식하라.

독자들에게 하고 싶은 말

다시 말해서, 나는 이 중요한 핵심을 거듭 말하고자 한다: 만일 당신이 당신을 어지럽히고 우려스럽게 하는 비평을 읽는다면, 언제나, 언제나, 그리고 언제나 비평받고 있는 자료로 직접 가라. **당신 스스로 그 원본을 읽으라.** 그리고 꼭 필요하다면 저자가 무엇을 믿는지 직접 질문하라.

저자들에게 하고 싶은 말

만일 당신이 어떤 이슈를 던졌다면, 당신과 당신의 작품은 어느 시점에서 오해를 받게 될 것이다.

그러나 당신이 어떻게 반응하느냐가 당신의 영적 위상을 크게 드러낸다.

나는 자신을 공격하거나 자신의 작품을 와전시키는 사람들을 향해 반격을 가하는 너무 많은 저자와 블로거를 지켜보았다. 이것은 육신의 방법이고 예수 그리스도의 십자가를 전혀 보여주지 못한다.

** 이 부분은 특정한 단어들에 부여된 의미와는 반대로 사람들이 어떻게 의사 전달을 하는지, 그 대화 방식에 있어 이전의 것과는 다르다.

이 문제에 있어 주님을 신뢰하라. 대부분의 경우, 제대로 분별하는 사람들은 당신을 도와주고 당신의 작품을 옹호해줄 것이다. 당신은 스스로 옹호할 필요가 없다. 하나님께서 옹호하시도록 하자.

높은 길로 다니는 것, 곧 주 예수님의 길로 다니는 것은 종종 공격을 받을 때 침묵을 지킨다는 뜻이다.

> 이를 위하여 너희가 부르심을 받았으니 그리스도도 너희를 위하여 고난을 받으사 너희에게 본을 끼쳐 그 자취를 따라오게 하려 하셨느니라. 그는 죄를 범하지 아니하시고 그 입에 거짓도 없으시며 욕을 당하시되 맞대어 욕하지 아니하시고 고난을 당하시되 위협하지 아니하시고 오직 공의로 심판하시는 이에게 부탁하시며. 벧전 2:21-23

아울러, 당신은 저자로서 당신의 독자들이 당신에게 접근할 수 있도록 해야 한다. 당신의 개인 비서를 통해서라도.

접근을 차단하는 것은 유명 인사들의 두드러진 특성이다. 킴 카다시안Kim Kardashian이나 저스틴 비버Justin Bieber에게 편지를 쓴 다음 응답을 기다려보라. 오늘날엔 어떤 기독교 저자들도 마찬가지이다. 그렇게 하는 것이 절대로 틀렸다는 게 아니다. 코미디 드라마 Seinfeld에서 인용한 문구이다… 만일 유명 인사로 사는 것이 당신이 계속 가기를 원하는 방식이라면.

하지만 나의 판단으로는, 당신은 기독교 지도자로서 마음이 열린 사람들, 당신을 좋아하는 사람들, 그리고 당신이 말하는 것을 진정 이해하기 원하는 사람들이 당신에게 접근하기 쉽게 해서 당신의 작품에 관한 질문에 대답할 수 있어야 한다. 꼭 그들만을 위해서가 아니라 당신 자신을 위해서. 물론 화를 부추기는 사람은 예외이다. 그들에겐 절대로 먹이를 주지 말라.

19 • 온라인에서 바보가 되는 예술

당신과 하나님 사이의 다른 점은
하나님은 당신이라고 생각하시지 않는다는 것이다.
〈앤 라모트〉

만일 당신이 모제익스와 버스터즈Mosaics and Busters의 나이보다 더 많다면, 당신이 앉아있는지 확인하기를 원할 것이다. 역자 주: Mosaics는 1984년부터 2002년 사이에 태어난 사람, Busters는 1965년부터 1883년 사이에 태어난 사람을 각각 가리킨다 사실, 당신은 의자를 꽉 붙잡고 싶을 것이다. 나는 여기에서 어떤 사람들이 오해할 만한 어휘를 구사할 것이다. 핵심을 밝히기 위함이다. 그래서 당신이 계속 읽기 전에 긴장을 풀기 바란다.

바보a jerk: 속어. 무시당할 만큼 순진하거나, 멍청하거나, 어리석거나, 하찮은 사람.

그것은 욕하는 말이 아니다.

최신 연구에 의하면 당신도 알다시피, 쥐를 암에 걸리게 한 원인으로 알려진 것과 동일한 연구, 만일 두 명의 그리스도인이 온라인에서 연이어 사흘 이상 서로 동의하지 않을 때 그중 한 명이 다른 한 명에게 "마귀 자식" 또는 그 비슷한 말로 부르게 될 확률이 97.3 퍼센트이다.

이 점을 염두에 두고, 온라인에서 바보가 되는 예술을 마무리하는 확실한 방법 열 가지를 여기에 소개한다.

1. 의견 차이의 핵심을 놓고 언쟁하는 것에서 당신과 동의하지 않는 사람을 공격하는 것으로 옮겨가라.

이것은 인신 공격 논쟁an ad hominem argument이라 불린다. 당신이 타인의 메시지message를 동의하지 않을 때, 메신저messenger를 공격하라. 사람들은 자신이 논쟁에서 이길 수 없을 때 종종 이렇게 한다.

예: "나는 방금 전에 그리스도의 속죄에 관한 당신의 견해를 읽었는데, 당신은 일급 이단자요, 확실하게 엉큼한 속셈을 가진 종자이다. 사실, 나의 분별력은 당신이 사탄의 자식이라고 말해준다. 하나님이 당신의 영혼을 긍휼히 여기시기를!"

2. 다른 사람들에게 직접 질문하는 대신 그들이 어떻게 생각하고 믿는지를 추측하라.

그리고 다른 사람들이 어떻게 생각하고 믿는지에 관한 당신의 추측을 말하라. 마치 그것이 다른 사람들에게 복음적인 사실인 것처럼. 너무나도 많은 그리스도인이 다른 사람들이 어떻게 믿는지를 추측한다. 그들에게 실제로 가서 묻지도 않고. 나는 그리스도인들이 그렇게 할 때 언제나 깜짝 놀란다.

3. 그리스도 안의 동료 형제들과 자매들의 면전에서 말할 배짱을 가진 적이 없을 때, 그들에게 편지를 쓰거나 그들에 관해서 쓰도록 하라.

달리 말해서, 배짱 없는 쪼다와 줏대 없는 겁쟁이 역할을 해보라.

4. 블로그에 쓴 글이나 논평을 주의 깊게 읽지 말라.

그 대신, "원하는 대로 해석"하고, 성급한 결론을 내린 다음, 옆길로 새서 글을 쓴 사람이나 논평을 한 사람을 비난하라. 더 구체적으로 말하면, 당신이 방금 전에 읽은 것에 관해 확인하는 질문을 절대로 하지 말라. 예를 들면, "아마 내가 당신을 정확히 이해하지 못하는 것 같은데 당신이 말한 것이 xyz입니까?"… 또는 "만일 당신이 말한 것이 사실이라면 abc에 대한 당신의 대답은 무엇입니까?"라는 질문 말이다. 그렇게 하면 절대 안 된다. 그들이 쓴 글이나 논평을 "원하는 대로 해석"한 후에 단지 그들을 비판하라. 정중한 태도로 질문하지 말고, 오직 말만하고 비난만 하라.

5. 당신이 화나거나 상처 받았을 때 온라인에 뭔가 글을 쓰도록 하라.

그것을 주님께로 가져갈 시간을 주지 말라. 당신이 성령 안에 있지 않으므로 기다리라고 말하는 천사에게 돌을 던지라. 그 대신, 당신의 감정이 당신의 반응을 가지고 놀게 하라.

6. 다른 사람이 무엇을 생각하는지 짐작하고, 당신이 그들의 말과 행동 뒤에 있는 동기를 안다고 추측하라.

오직 전능하신 하나님만이 차지하시는 자리에 당신을 올려놓고, 그들의 의도에 의문을 제기하라. 어떤 사람이 "당신은 … 때문에 이렇게 말하고 있습니다" 또는 "당신이 abc를 말하거나 하려고 했을 때 당신은 xyz를 하려고 했습니다"라고 말할 때는 언제든지, 그 사람은 다른 사람의 동기를 판단하고 있다.

7. 하나님 자녀의 평판을 더럽히는 다른 사람들의 블로그에 논평을 남

겨서 "차 타고 지나가다가 총 쏘기" 식의 암살을 감행하라.

당신이 격렬한 논평을 남길 때 당신의 실제 이름과 진짜 이메일 주소를 올리지 말라. 그리고 블로그 담당자가 그 논평을 눈치채지 못할 정도로 엉성해서 즉시 그것을 지우지 않기를 바라라. 이것이 악랄하고 미성숙한 것이지만, 유감스럽게도 어떤 "그리스도인들"은 실제로 이런 류의 짓들을 한다. 흥미로운 것은 블로그에 남아있는 모든 논평이 그것을 확인할 수 있는 IP 주소를 갖고 있다는 사실이다. 따라서 그 사람의 정체를 파악하는 것은 어렵지 않다.

8. 만일 누가 당신에게 대답을 준다면, 그들의 대답을 무시하고 다시 당신의 요지를 거듭 말하라.

"그 사실들로 나를 혼란시키지 말라" 라는 태도를 취하라. 그리고 그들이 한 말을 묵살하라. 그들이 결국 당신과 동의하기를 바라면서 그냥 똑같은 주장을 주구장창 반복하라.

9. 사전 숙고와 꼼꼼함으로 다른 사람이 한 말 또는 쓴 글을 완전히 왜곡시킨 다음, 피해자 행세를 하라.

예를 들면, 어떤 사람이 아무도 공격하지 않을 때 그 사람이 다른 사람들을 공격했다고 비난하라. 그들이 그런 믿음과 사상을 고수하지 않지만, 그렇게 하고 있다고 몰아가라. 어떤 그리스도인들은 당신이 말하는 것의 정확성을 입증하기 위해 자료를 찾는 대신 당신이 쓴 글이면 무엇이든지 믿을 것이라는 사실을 가지고 놀아라. 이것이 육신적인 행동의 극치이지만 온라인 바보가 되는 예술을 마무리하는 사람에게는 딱 맞아떨어진다.

10. 당신의 주님이 당신에게 가르쳐주신 것을 잊으라.

당신이 절대로 대우받기를 원치않는 그 방법으로 다른 사람들, 특히 당신이 싫어하는 사람들을 대우함으로, 당신의 영적 직관을 향해 저항하고 성령을 근심케 하라. 온라인에, 당신이 절대로 원하지 않는 방법, 즉 다른 사람들이 당신이나 당신이 사랑하는 사람들에게, 또는 당신이나 당신이 사랑하는 사람들에 관해서 글을 남기는 그 방법으로 다른 사람들에게 또는 그들에 관해서 글을 올려라. 달리 말하자면, 당신이 마태복음 7:12에 있는 예수님의 말씀을 믿는다고 주장하면서, 주저함없이 그 말씀을 불순종하라.

20 • 경고: 세상은 우리 그리스도인들이 서로를 어떻게 대하는지 지켜보고 있다

> 만일 그리스도인들이 신자들의 몸 안에서
> 신실하게 참여함을 통해 은혜를 넓힐 수 없다면,
> 그들은 밖에 있는 사람들에게로 은혜를 넓힐 수 없을 것이다.
> 〈제임즈 데이비슨 헌터〉

최근에 어떤 사람이 나에게 다음과 같이 질문했다.

프랭크, 만일 내가 당신의 사역을 요약해야 한다면 그것은 예수님이 우리가 상상했던 것 이상이라는 것입니다. 그리고 우리가 그분의 생명에 의해 사는 것을 배울 수 있다는 것일 것입니다. 즉, 우리가 대우받기를 원하는 똑같은 방법으로 다른 사람들을 대우하는 것으로 입증되는 그 생명에 의해 사는 것. 당신은 이것이 정확하다고 말하겠습니까?

나의 대답: 그렇습니다. 잘 요약하셨습니다. 이 두 가지 주제가 내가 쓴 많은 책과 블로그에 강조되어 있습니다.

여러 해 전에, 나는 왜 내가 그리스도인인지를 설명하는 글을 써서 정기 간행물에 기고했다. 나는 그리스도인이 아닌 사람들이 왜 예수님을 따르지 않기로 작정했는지를 질문하면서 그 글을 마쳤다. 여기에 그 글에 대한 한 사람의 논평을 소개한다.

> 나는 그리스도인이 아닌데, 그 이유는 내가 아는 대부분의 그리스도인들이 서로를 대우하는 방식 때문이다. 그들의 설립자가 가르쳤던 것처럼 사랑하지 않고, 정확히 그 반대이기 때문이다. 나는 당신이 열거한 목록이 변명을 하거나 호전적이 아니고 개인적이어서 좋고 이것을 존중한다. 보기가 드물지만 보기 좋다.

이것은 간디Gandhi의 유명한 말을 떠올려준다.

> 나는 그리스도를 좋아하지만 그리스도인들은 좋아하지 않는다. 그리스도인들은 그리스도와 너무나도 다르다. … 만일 그리스도인들만 아니었다면 나는 그리스도인이 되었을 것이다.

아래의 도표를 살펴보라. 이것은 사람들이 어떻게 구글에서 '무슬림'과 '유대인'과 비교해서 "그리스도인"을 검색하는지 보여주는 도표이다. 이 도표는 우리 그리스도인들이 봉착하는 심각한 고정 관념의 일부를 보여준다. 유감스럽게도, 그 고정 관념은 종종 고통스럽지만 사실이다.

그리스도인들 가운데 페이스북, 블로그, 트위터, 그리고 다른 인터넷 매체에서 서로 언어의 폭력을 휘두르는 경우가 드문 일이 아니다. 그 결과, 평강의 왕이신 예수님을 따른다고 시인하는 사람들이 싸우고, 서로 왜곡시키고, 심지어 서로 "차단"하기까지 하는 것을 세상은 보고 있다.

왜 무슬림은 그렇게
왜 무슬림은 그렇게 폭력적인가
왜 무슬림은 그렇게 어리석은가
왜 무슬림은 그렇게 화를 내는가
왜 무슬림은 그렇게 미쳤는가
왜 무슬림은 그렇게 민감한가
왜 무슬림은 그렇게 미워하는가
왜 무슬림은 그렇게 편협한가
왜 무슬림은 그렇게 낙후되었는가
왜 무슬림은 그렇게 악한가
왜 무슬림은 그렇게 극단적인가

구글 검색

왜 유대인은 그렇게
왜 유대인은 그렇게 천박한가
왜 유대인은 그렇게 성공적인가
왜 유대인은 그렇게 똑똑한가
왜 유대인은 그렇게 부유한가
왜 유대인은 그렇게 욕심이 많은가
왜 유대인은 그렇게 성가신가
왜 유대인은 그렇게 미움을 받는가
왜 유대인은 그렇게 보기 싫은가
왜 유대인은 그렇게 진보적인가
왜 유대인은 그렇게 재미있는가

구글 검색

왜 그리스도인은 그렇게
왜 그리스도인은 그렇게 어리석은가
왜 그리스도인은 그렇게 비판적인가
왜 그리스도인은 그렇게 무지막지한가
왜 그리스도인은 그렇게 미워하는가
왜 그리스도인은 그렇게 편협한가
왜 그리스도인은 그렇게 비열한가
왜 그리스도인은 그렇게 속이 좁은가
왜 그리스도인은 그렇게 위선적인가
왜 그리스도인은 그렇게 성가신가
왜 그리스도인은 그렇게 미쳤는가

왜 불교신자들은 그렇게
왜 불교신자들은 그렇게 행복한가

구글 검색

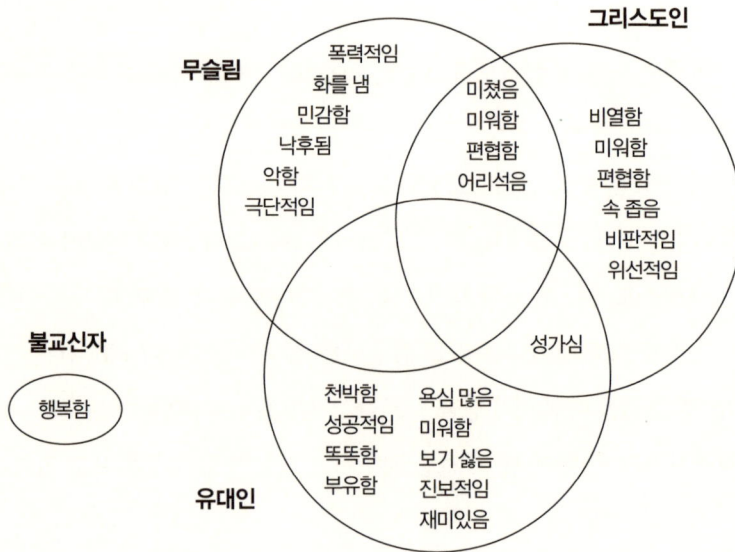

> 만일 서로 물고 먹으면 피차 멸망할까 조심하라 갈 5:15

언젠가 킬케니에 고양이 두 마리가 있었다네
둘 다 따로 생각했지 둘은 너무 많다고
그래서 그들은 싸우고 또 싸우고
할퀴고 또 물기도 했지
언제까지?
발톱과 꼬리 끝만 남고
고양이 두 마리 대신 아무것도 없을 때까지

그리스도의 영으로 한다면 사회 문제에 관한 의견 차이와 논쟁까지도 건전하고 도움이 된다.

하지만 의견 차이가 동기를 추측하고, 상대방의 말을 왜곡시키고, 상대방의 견해를 잘못 설명하고, 인신 공격으로 빠져든다면, 우리는 육신으로 치닫게 된다.

결과적으로, 예수님의 이름이 적지 않게 훼손되고 만다.

그렇다면 우리가 이것을 어떻게 바꿀 수 있을까?

혹시 차후에 다른 그리스도인들과 의견 차이가 났다고 생각한다면 다음의 일곱 가지를 고려하라.

1. 그들에게 개인적으로 가서 그들이 말했거나, 행동했거나, 글을 썼던 것, 아니면 그들이 했을 것이라고 추정되는 말, 행동, 또는 글의 의미가 무엇인지를 물어보라.

예수님은 이렇게 말씀하셨다: 만일 우리가 형제나 자매와의 사이에 문제가 발생했다면, 그들에게 개인적으로 가라. 우리가 공중 앞에서 다른 사람들에 대해 잘못 얘기하기를 원치 않기 때문에, 그들에게 직접 가는 것은 이것을 예방하는데 도움이 된다. 그리고 당신이 그들의 처지에 있다면 똑같이 대우받기를 원할 것이다.

약 6개월 전에 나는 어떤 사람이 페이스북에 게재한 글을 읽었는데, 그것은 새로 출판된 전도에 관한 내 친구의 책을 인용해서 쓴 글이었다. 그 글의 전체적인 흐름은 내 친구가 의미했을 수도 있거나 의미하지 않은 것이었다. 사람들은 상대에게 화가 났고, 어떤 사람들은 다른 사람들을 차단하기 시작했다. 분명히 밝혀두지만, 이들은 그리스도인이다.*

마침내 한 여성이 나서서 다음과 같이 말했다: "미안하지만, 그가 한 말이 무엇을 뜻하는지, 아니면 무엇을 뜻하지 않는지를 여기서 질문하는 대신, 당신이 그에게 메시지를 써서 물어보면 어떻겠습니까? 당신도 알다시피, 그 사람도 자신의 페이스북 계정을 갖고 있습니다."

그녀가 한 말은 모든 사람을 멈추게 했고, 그들의 당황스러움이 역력했다. 흥미롭게도, 그들 가운데 아무도 내 친구에게 연락해서 질문하려는 생각이나 시도조차 한 사람이 없었다. 만일 그들이 시작부터 그렇게 했다면, 이슈 전체가 해결되었을 것이고 아수라장은 벌어지지도 않았을 것이다.

2. 당신이 개인적으로 다른 신자들에게 가서 물어볼 때, 그들을 비난하

---

* 나의 편집자가 독자들 중에 혹시 소셜 미디어에서 다른 사람들을 "차단"한다는 것이 무슨 뜻인지 모르는 사람들이 있을 수도 있다고 해서, 22세기 때 이책을 읽을 독자들을 위해 보충 설명을 하겠다. 소셜 미디어에서 다른 사람들을 차단한다는 것은 그들이 당신의 소셜 미디어의 최신 정보를 볼 수 없게 한다는 의미이다. 당신은 그들에게 보이지 않고, 그들은 당신을 볼 수 없다는 뜻이다.

지 말라.

다시 말하지만, 그들의 처지에서 당신 자신에게 이렇게 질문하라: "이 사람이 나였고 내가 그들을 힘들게 했거나 문제가 되었다면, 나는 그들이 나를 어떻게 대하기를 원했을까?" 나의 경험으로는, 두 단계 또는 세 단계를 거쳐 전해 들은 정보에 기초한 비난이 보통 부정확하다는 것을 알게 되었다. 그리고 그것들은 종종 오해에 뿌리를 두고 있음을 알게 되었다.

언젠가 예수님은 그분의 제자 중 한 사람에게 다음과 같이 말씀하셨다.

> 예수께서 이르시되 내가 올 때까지 그를 머물게 하고자 할지라도 네게 무슨 상관이냐. 너는 나를 따르라 하시더라. 이 말씀이 형제들에게 나가서 그 제자는 죽지 아니하겠다 하였으나 예수의 말씀은 그가 죽지 않겠다 하신 것이 아니라 내가 올 때까지 그를 머물게 하고자 할지라도 네게 무슨 상관이냐 하신 것이라. 요21:22-23

만일 완전한 스승이신 예수님께서 그분의 제자들에게 오해를 받으셨다면, 그것이 우리에게는 얼마나 더 많이 벌어지겠는가?

3. 다른 사람의 동기나 의도를 결단코, 결코, 절대로, 전혀 판단하지 말라. 그렇게 하는 것은 그들과 하나님께 죄를 범하는 것이다.

당신과 나는 다른 사람의 마음을 읽을 수 없다. 다른 사람의 판단에 의문을 품는 것이 나쁜 것은 아닐지라도, 그들의 동기를 판단하는 것은 잘못이다. 사랑은 "악한 것을 생각지 아니하고"라고 바울은 고전 13장에서 말했다. 사랑은 언제나 다른 사람들의 최선을 믿는다. 다시 말해서, 이것은 예수님의 황금율인 "남을 대접하라"에 다 들어있다.

4. 결코 그리스도 안의 형제자매에 관한 험담이나 비난을 즐기지 말라.

다시 말하지만, 다른 사람들이 당신을 대우하기를 원하는 똑같은 방법으로 그들을 대우하라. 예수님은 이것을 명령하셨을 뿐만 아니라 이 계명이 율법과 선지자의 완성이라고 말씀하셨다. 마 7:12 그런데 나는 많은 그리스도인이 비난이나 험담이 무엇인지 알지 못한다는 사실을 발견했다. 그 일이 그들에게 벌어지기까지는 그들은 사실이나 반쪽 사실인 경우엔 험담이나 비난이 아니라고 잘못 생각한다.**

5. 당신이 아는 모든 사람과 화평하기를 구하라. 바울은 롬 12:18에서 이렇게 말했다: "할 수 있거든 너희로서는 모든 사람과 더불어 화평하라."

우리는 모든 것에 동의하지 않을 것이다. 사실, 모든 그리스도인이 모든 단어를 동의하거나 모든 단어를 똑같이 이해하도록 쓴 책의 존재를 나는 알지 못한다. 이것은 성서 자체도 포함한다.

따라서 우리는 고침을 받도록 열려있어야 한다. 하지만 당신이 다른 사람에게 어떻게 접근하느냐가 엄청나게 중요하다. 우리가 동의하지 못할 때 어떻게 서로를 대하는지는 우리가 가진 의견 차이의 본질만큼 중요하다.

6. 우리 그리스도인들이 피차간에 어떻게 대하고 다른 그리스도인들에 관해 어떻게 말하는지 세상이 지켜보고 있음을 기억하라.

당신은 비그리스도인들에게 예수님에 관해 담대하게 증거할 수 있는 점에서 지상 최고의 복음 전도자가 될 수 있다. 그리고 선교와 제자도에 관해서 가장 큰 나팔소리를 낼 수 있다. 하지만 만일 다른 사람들이 당신

** 험담과 비난의 의미에 관한 자세한 내용은 다음을 참조할 것: frankviola.org/slander.

을 대우하기를 결코 원치 않는 방식으로 당신이 그리스도 안의 자매와 형제를 대한다면, 당신이 행하는 복음 전도는 헛수고로 그칠 것이다. 아울러, 당신이 동료 형제와 자매를 어떻게 대하느냐는 우리 주님께 엄청나게 중요하다.

7. 예수님께서 우리를 위해 그분의 목숨을 버리시기 전에 마지막으로 하신 기도를 기억하라.

그것은 우리로 하여금 그분의 마음 속에 최고로 중요한 것이 무엇인지를 엿볼 수 있게 한다.

> 내가 비옵는 것은 이 사람들만 위함이 아니요 또 그들의 말로 말미암아 나를 믿는 사람들도 위함이니, 아버지여, 아버지께서 내 안에 내가 아버지 안에 있는 것 같이 그들도 다 하나가 되어 우리 안에 있게 하사, 세상으로 아버지께서 나를 보내신 것을 믿게 하옵소서. 요 17:20-21

21 • 와전

> 사람들은 나를 아주 형편없이 이해한다.
> 그들이 나를 이해하지 못하는데서 비롯된
> 나의 고충을 이해조차 못할 정도로.
> 〈쇠렌 키에르케고르〉

학계에서는 책의 원고가 출판되어 유통되기 전에, 다른 사람의 책을 비평한 원고를 그 책의 저자에게 보내는 것이 일반적인 예의이다. 블로그, 잡지 기사, 또는 책을 통해서

그 이유는 간단하다. 지적인 정직함이 비평의 정확성을 요구하기 때문이다. 비평을 할 때는 그 사람의 책을 진실하고 공정하게 대변하는 것이 중요하다. 그렇게 하지 않고는 유명무실한 논증이 정직한 비평인 양 행세하게 된다. 그러면 그 사람의 책을 와전시키는misrepresent 문제가 발생한다. 이것은 인터넷 상에서 크게 혼란을 야기시키고 허위 정보를 퍼뜨리는 것으로 주목받는다.

하나님께서 나에게 주신 교훈 중 하나는 그분이 자신의 목적을 위해 주권적으로 와전misrepresentation을 사용하신다는 것이다. 그것은 하나님께서 아주 잘 하시는 것을 하시는 경우이다. 즉, 비뚤어진 선들로 직선을 그리시는 것.*

---

* 유감스럽게도, 많은 현대 그리스도인은 십자가의 원리를 전혀 배운 적이 없다. 그리고 우리를 하나님의 형상으로 변화시키는데 있어 하나님의 목적을 성취하기 위해 하나님께

따라서 만일 당신이 정체 상태의 생각이나 생활을 깨뜨리는 저자라면, 당신은 와전을 당신의 주님의 손으로부터 온 것으로 받아들이는 것이 현명할 것이다.

때때로 주님은 특정한 사람들의 삶 속에서 특정한 시간에 책을 읽거나 메시지를 듣는 것으로부터 지키시기 위해 그런 와전을 사용하신다. 어쩌면 그들이 그것을 받아들일 준비가 되지 않은 그 시간에 그렇게 하신다.

때로는 그 자신의 사역이 와전되고 있는 사람을 낮추시기 위함이다. 또 어떤 때는 은혜로, 그리고 반격을 하거나 스스로 변호하기를 거부하고 비판과 부당한 비평을 처리하면서, 그것들을 어떻게 받아들이는지를 다른 사람들 앞에 드러낼 기회를 주시기 위함이다.

또는 진리를 확대시키시기 위함이다. 영적으로 한 말을 불신하기 위해 와전과또는 와전이나 인신 공격에 의지해야 할 때, 그것이 오직 그 말의 진실됨을 강조해줄 뿐이다.

2010년 7월, 이전에 목사였던 삼십 대 남자가 나를 찾아왔었다. 함께 아침식사를 했는데, 그가 대단히 흥미로운 이야기를 꺼냈다. 그는 목사로 재직했을 때 『이교에 물든 기독교』에 대해 계속 듣게 되었다고 말했다.

하지만 그 책은 단지 크리스마스와 부활절, 그리고 다른 사소한 문제들을 공격하는 책이므로 읽지 말라는 말을 듣고는 거들떠볼 관심이 없었다.

그런데 그가 기도할 때마다 이상하게도 그 책의 제목이 계속 생각났다. 그러다가 어느 날 그는 반즈 앤드 노블Barnes and Noble, 미국의 대형 책 체인점에 들렀는데, 문을 열고 들어가기 전에 어떤 책을 사서 읽어야 하는지를 하

서 어떻게 고통과 학대를 사용하시는지에 대해 배운 적이 없다. 성서적 가르침의 이 방치된 면에 관한 자세한 내용은 내가 집필한 다음의 책들을 참조할 것: *God's Favorite Place on Earth* (Colorado Springs: David C. Cook, 2013); 영원에서 지상으로 (대장간, 2009)

나님께 물었다. 그는 전에도 책방에 들어가기 전에 어떤 책을 사서 읽어야 하는지를 기도했었다.

그가 기독교 코너를 지나가는데 『이교에 물든 기독교』 책이 그를 빤히 쳐다보고 있는 것을 보고는 직관적으로 그것을 구입해야겠다고 생각했다.

그 책을 읽었을 때 그것은 그가 생각했거나 들었던 그 무엇이 아니었다. 예를 들면, 그 책에는 크리스마스나 부활절에 관한 단 하나의 단어도 들어있지 않았다. 결과적으로, 그는 그 책이 그의 인생을 변화시켰고 주님과 그분의 궁극적인 목적을 위한 완전히 새로운 여정으로 인도해주었다고 말했다.

책에서 짧은 내용을 발췌해서 인용한 다음 그 책의 저자를 해석했다고 주장하는 사람을 조심하라. 해석이 부정적인 많은대부분이 아니라면 경우에, 그 사람은 저자의 말을 와전시킨다. 당신은 또한 사실상 모든 경우에 뭔가 다른 것을 발견하게 될 것이다. 즉, 인용하고 해석하는 사람은 저자에게로 가서 자신이 저자를 정확히 이해하고 있는지를 물어본 적이 없음을.

요점: 만일 당신이 저자와 동의하지 않는다고 생각한다면, 대중 앞에 당신의 견해를 밝히기 전에 저자에게 직접 가서 당신이 저자를 정확하게 이해하고 있는지를 질문하라. 지적 정직함이 그것을 요구한다.

내 생각에는, 이렇게 하는 것만으로도 오늘날 기독교계에 만연한 95 퍼센트의 와전을 제거할 것이다.

22 • 고난받는 마음을 소유하기

> 그리스도께서 이미 육체의 고난을 받으셨으니 너희도 같은 마음으로 갑옷을 삼으라. 이는 육체의 고난을 받은 자는 죄를 그쳤음이니 그 후로는 다시 사람의 정욕을 따르지 않고 하나님의 뜻을 따라 육체의 남은 때를 살게 하려 함이라. 벧전 4:1-2

고난은 신약성서에서 중요한 주제이지만 오늘날 대체로 간과되고 있다. 예수 그리스도께서 사셨던 삶그분의 고난을 포함해서의 모든 것이 당신이 살아야 할 그리스도의 삶이라는 것을 아무도 듣고 싶어하지 않는다.

그럼에도 불구하고, 그리스도 안에서 성장할 사람들은 밟히고, 이용당하고, 못박히고, 비틀리고, 접히고, 난도질당하는 법을 배워왔다.

그들의 마음 속의 결단은 이것이었다: "그들은 나를 목매달고, 머릿가죽을 벗기고, 나를 4등분 하고, 나를 불태우고, 나의 유골을 뿌린다. 그리고 이 모든 것을 보고 즐겁게 춤을 춘다. 하지만 나는 여전히 예수 그리스도나 그분의 말씀 안에서 나의 믿음을 철회하지 않을 것이다. 또한 똑같이 보복하지 않을 것이다."

우리의 많은 믿음의 조상은 이렇게 결단하며 살았다. 그들은 고난받기 위한 마음을 가졌고 그것을 가장 지독한 방식으로 감당했다.

지금 서구에 사는 사람들은 그리스도께 헌신함으로 오는 육체적인 핍박은 거의 체험하지 않겠지만, 종종 언어와 사이버cyber 핍박을 받게 될 것이다.

그리고 애석하게도, 보통 시기jealousy와 교리적 차이 때문에 동료 "그리스도인들"로부터 그들의 문앞으로 대못이 배송될 것이다.

> 무릇 그리스도 예수 안에서 경건하게 살고자 하는 자는 박해를 받으리라. 딤후 3:12

따라서 다시 은혜로regrace 가는 것의 한 부분은 고난을 받기 위한 자세를 가지는 것이다. 벧전 4:1

23 • 우리 믿음의 본질

나는 나의 견해를 놓고 당신과 다투지 않고, 오직 당신의 마음이
하나님을 향해 올바른지, 당신이 주 예수 그리스도를 알고 사랑하는지,
당신이 이웃을 사랑하고 당신의 주님께서 행하신 대로 행하는지를
볼 것이다. 그리고 나는 더는 바라지 않는다.
나는 견해들에 넌더리가 났고, 그것들을 견뎌내기에 지쳤다.
나의 영혼은 이 차가운 음식을 혐오한다.
나에게 단단하고 튼튼한 신앙을 달라.
겸손하고 온화하게 하나님과 사람을 사랑하는 사람,
편파적이고 위선적이지 않으며 온유와 선한 믿음으로 충만한 사람,
믿음의 실천과 소망의 인내와 사랑의 수고를 위해 자신을
내어놓는 사람을 달라. 내 영혼이 이런 그리스도인들과
함께 있게 해 달라. 그들이 누구든지, 어떤 견해를 가졌든지 상관없이.
〈존 웨슬리〉

나의 독자들이 항상 물어보는 질문이 있다. 솔직히 말해서, 그들은 나에게 거의 질문하지 않는다. 왜냐하면, 내가 생각하는 것이 무엇인지 누가 상관하겠는가? 하지만 그렇다고 가정해보자.

나의 독자들은 항상 기독교 신앙의 본질이 무엇인지를 질문한다. 알다시피, 그것들은 누가 하나님 나라 안에 있고 누가 밖에 있는지를 우리에게 말해주는 그런 믿음을 가리킨다.

어거스틴이 말했다고 잘못 알려진 17세기 때의 이런 인용구가 있다.

본질에는 일치를, 비본질에는 자유를, 모든 것에는 사랑을.1

하지만 믿음의 본질은 무엇이며, 누가 그것을 훼손할 때 어떻게 해야 할까?

C. S. 루이스는 믿음의 본질을 이렇게 정의한다: "모든 시대의 거의 모든 그리스도인에게 공통적이었던 믿음."2

이것과 같은 사상의 이전 버전version이라 할 수 있는 레린즈의 빈센트 Vincent of Lerins가 한 말은 이렇다: "기독교는 언제나, 어디서나, 그리고 모든 사람이 고수해온 것이다."

나는 『다시 그려보는 교회Reimagining Church』에서 성서의 권위를 기독교 신앙과 실천의 변개될 수 없는 표준교회의 관습을 포함해서으로 제시했다. 그 책에서 나는 또한 기독교 신앙의 신경creeds에 대해 다음과 같이 설명했다.

> 신앙의 본질적인 교리들에 대한 그리스도교의 역사적 가르침은 교회를 성서의 궤도에서 벗어나지 않도록 하는 결정적인 역할을 한다. 수세기에 걸쳐, 그리스도인은 우리 신앙의 핵심적인 믿음을 보존해왔다: 예수 그리스도는 하나님이신 동시에 사람이시다. 주님은 처녀에게서 태어나셨다. 주님은 우리의 죄를 위해 십자가에서 돌아가셨다. 주님은 몸의 형태로 부활하셨다, 등등.
>
> 이 핵심적인 믿음은 어떤 한 교회의 전통이나 교단에 속하지 않는다. 그 대신, 그 믿음은 모든 진실한 신자의 유산이다. 그리고 그 믿음은 역사를 통틀어 교회의 목소리를 대변한다.
>
> 이 "신앙의 본질들"은 C. S. 루이스가 『순전한 기독교』라고 불렀던 것을 구체화한다. 이것은 "거의 모든 그리스도인에게 항상 공통적이었

던 믿음"이다. 따라서 신약성서적 교회의 생태학을 회복하기 위한 부름은 모든 신학적 이슈를 종교적으로 재검토하라는 요구로 전환하지 않는다. 또는 우리가 우리의 영적 조상들에게 물려받은 모든 것을 거부하지도 않는다. 동시에, 사도시대 이후의 모든 것은 면밀한 조사의 대상이고 사도적 전통 자체에 의해 평가되어야 한다.

유기적 그리스도교를 회복하기 위한 부름은 사도적 계시를 계속 고수해 온 과거의 모든 목소리 편에 서는 것이다. 그들이 역사적 교회의 어느 단계에 속했든지 관계없이. 초기의 교회는 기독교 진리의 토양에 뿌리내리고 있었다. 그리고 그 토양 안에 머무르는 것은 우리가 우리 이전을 살다간 사람들의 어깨에 올라 설 것을 요구한다. C. H. 스퍼젼은 다음과 같이 동의했다: "나는 한 손으로는 내가 이미 배워온 진리를 꽉 붙잡고, 다른 한 손은 내가 아직 알지 못하는 것들을 받아들이도록 활짝 열어놓을 작정이다."[3]

4세기 이래로, 그리스도인들은 그리스도의 몸을 지엽적인 교리들로 분열시켜왔다. 이 점에 관해서, 그리스도의 통으로 짠 옷은 불필요하게 찢어졌다.

한편, 우리 믿음의 기둥을 형성한 교리들이 있다. 그리고 "우리 주 그리스도를 섬기지 아니하고" "공교하고 아첨하는 말"을 사용하는 사람들은 그 가르침에 어긋나는 것으로 순진한 사람들을 미혹한다.롬 16:18 또 베드로는 이렇게 말했다.

> 그러나 민간에 또한 거짓 선지자들이 일어났었나니 이와 같이 너희 중에도 거짓 선생들이 있으리라. 저희는 멸망케 할 이단을 가

만히 끌어들여 자기들을 사신 주를 부인하고 임박한 멸망을 스스
로 취하는 자들이라. 벧후 2:1

그렇다면, 기독교 신앙의 그 기둥은 무엇인가?

다음의 사도 신경과 니케아 신경은 내가 믿는 바 그리스도인이라면 누구나 우리가 물려받은 유산으로서 익숙해야 하는 두 개의 신경이다.

이 신경들이 신학적으로 완전한 신학적 서술은 아니지만, 올바른 신학적 서술이다. 그리고 그것들은 여러 시대에 걸쳐 그리스도의 몸의 일치된 의견을 대변한다.

따라서 이것들이 고어체로 되어 있고 내용이 철두철미하지는 않지만 그 의미는 정확하다.

오, 우리가 이 주제를 다루고 있지만, 나를 맹렬히 비판하는 사람들은 성서의 권위와 신뢰성 뿐만 아니라 기독교 신경들에 대한 나의 확신을 부인하는 사람들이다. 하지만 나는 둘 중 어느 하나도 철회하지 않을 것이다. 내가 그것들을 뒤집을 만한 유력한 증거를 보지 않는 한.

여기에 그 두 개의 신경을 수록한다.

사도 신경

전능하사 천지를 만드신 하나님 아버지를 내가 믿사오며,
그 외아들 우리 주 예수 그리스도를 믿사오니,
이는 성령으로 잉태하사 동정녀 마리아에게 나시고,
본디오 빌라도에게 고난을 받으사, 십자가에 못박혀 죽으시고,
장사한 지 사흘 만에 죽은 자 가운데서 다시 살아나시며,
하늘에 오르사 전능하신 하나님 우편에 앉아 계시다가,

저리로서 산 자와 죽은 자를 심판하러 오시리라.
성령을 믿사오며, 거룩한 공회와 성도가 서로 교통하는 것과,
죄를 사하여 주시는 것과, 몸이 다시 사는 것과,
영원히 사는 것을 믿사옵나이다. 아멘.

니케아 신경

우리는 한 분이신 성부 하나님을 믿습니다. 그분은 전능하셔서, 하늘과 땅과, 이 세상의 보이고 보이지 않는 모든 것을 지으셨습니다.

우리는 한분이신 주 예수 그리스도를 믿습니다. 그분은 모든 시간 이전에 성부에게서 나신, 하나님의 독생자이십니다. 그분은 하나님에게서 나신 참 하나님이시요, 빛에서 나신 빛이시요, 참 하나님에게서 나신 참 하나님이시며, 성부와 같은 분으로, 낳음과 지음 받은 분이 아닙니다. 오히려 그분을 통해서 만물이 지음 받았습니다.

그분은 우리와 우리의 구원을 위하여 하늘로부터 내려오시어, 성령의 능력으로 동정녀 마리아에게서 태어나, 참 인간이 되셨습니다. 우리 때문에 본디오 빌라도 치하에서 십자가 형을 받아, 죽임을 당하고 묻히셨으나, 성서의 말씀대로 사흘만에 부활하셨습니다. 그분은 하늘에 올라 성부 오른편에 앉아 계십니다. 그분은 산 자와 죽은 자를 심판하러 영광 가운데 다시 오실 것입니다. 그리고 그분의 나라는 끝이 없을 것입니다.

우리는 주님이시며, 생명을 주시는 성령을 믿습니다. 성령은 성부로부터 나오시어, 성부와 성자와 더불어 예배와 영광을 받으시고, 예언자들을 통하여 말씀하고 계십니다.

우리는 하나이고, 거룩하며, 보편적이고, 사도적인 교회를 믿습니다. 우리는 죄를 용서하는 한 침례세례를 믿습니다. 우리는 죽은 자들의 부활과, 오고 있는 세계에서 살게 될 것을 믿습니다. 아멘.

이 두 신경이 불완전하고 고어체로 되어있음에도 불구하고, 기독교 신앙의 정통 교리를 제시한다. 예를 들면, 예수 그리스도의 신성, 그분이 우리를 위하여 죽으신 것, 그분이 육체로 부활하신 것 등등.

그렇다면, 우리가 믿음의 이 "본질"을 부인하는 사람들을 어떻게 대하여야 할까? 꼼짝 못하게 해야 할까? 살가죽 벗기듯한 폭언을 퍼부을까? 살얼음판으로 떠밀어 걷게 할까? 아니면 그들을 피해야 할까?

내가 제안을 하나 하면 어떨까?

처지를 바꿔놓고 당신이 대우받기 원하는 방식으로 그들을 대하면 어떨까 마 7:12? 이것은 우리 자신이 비로소 하나님의 은혜로 진리를 아는데 이르렀음을 깨달으면서 그들을 부드럽게 고쳐주는 것을 포함한다.

이것과 관련해서 숙고할 세 가지 요점을 첨가한다.

1. 성서적 교리를 이해하지 못하는 것과 그것을 노골적으로 부인하는 것은 다르다. 종종, 누가 성서적 진리를 부인할 때 그 이유는 그들이 그것에 관해 제대로 배운 적이 없기 때문이다. 따라서 "악당들을 죽여라! 그들의 목을 잘라버려!"라고 반응하는 대신 "하나님의 도를 더 자세히 풀어" 주려고 노력하는 것이 어떨까? (행 18:26)

2. 하나님께는 그리스도처럼 되는 것이 교리적으로 옳은 것보다 더 중요하다. 왜냐하면, 당신의 모든 신학적인 체계가 잘 잡혀있더라도 그리스도처럼 되지 않으면 당신은 옳은 것이 아니다.
3. "연좌제(guilt by association)"로 사람을 정죄하는 일반적인 잘못을 범하지 말라. 어떤 저자가 다른 저자를 언급하거나 인용했다고 해서 꼭 그 저자가 언급하거나 인용하고 있는 다른 저자의 견해들을 전부 다 동의한다는 의미는 아니다.

결과적으로, 만일 누가 믿음의 성서적 교리를 부인하고 자신의 잘못된 견해들을 다른 사람들에게 강요해서 분열을 일으킨다면, 그것은 또 다른 문제이다. 이것의 성서적 용어는 우리가 다음 장에서 살펴볼 이단heresy이라는 말이다.

24 • 진짜 이단은 누구인가?

미치는 사람들은 수학자이지, 시인이 아니다
〈G. K. 체스터턴〉

이 장은 원래 나의 블로그에 실렸던 것이다. 그 블로그의 글 제목은 이렇다: "동료 그리스도인에게 수소 폭탄을 투하하기 전에 이것을 읽으라 Read This Before You Drop the H-Bomb on a Fellow Christian" 그리고 그것은 그렉 보이드Greg Boyd와 함께 쓴 글이다.

· · · · · · · ·

"이단자." 그것은 많은 그리스도인이 선호하는 단어로써, 동료 자매들과 형제들의 머리에 그것을 투하하는데 아무런 문제 의식을 느끼지 않는 말이다.

흔히 그 용어는 "정통 기독교의 가르침"에 동의하지 않는 사람을 묘사하는데 사용된다. 물론 문제는 무엇이 정확히 "정통 기독교의 가르침"을 구성하는지에 여러 다른 관점이 존재한다는 것에 있다.

어떤 사람들은 이것이 칼빈주의라고 하고, 어떤 사람들은 알미니안주의, 로마 가톨릭, 동방 정교라고 각각 주장한다.

그리고 우리는 정통orthodox이라는 단어가 오직 자신들의 독특한 믿음과 또는 믿음이나 관습을 전부 동의하는 사람들의 전유물이라고 주장하는 근본주의자들fundamentalist groups을 잊으면 안 된다.

교회사 2천 년이 훌쩍 지나가버리는 동안, 그리스도의 몸은 33,000개가 넘는 조각으로 이리 썰리고 저리 잘렸고, 그 중에는 눈 하나 깜빡하지 않고 다른 모든 그룹을 이단으로 낙인찍은 사람들도 있었다.

이 장에서 우리는 절대로 거짓 가르침이 존재하지 않는다는 주장을 하려는 것이 아니다. 그것은 예수님과 바울의 시대에도 존재했었고, 오늘날도 존재한다.

우리가 지적하고자 하는 것은 많은 사람이 이단자라는 단어를 성서적이지 않고또는 성서적이지 않거나 교회의 전통과 맞지 않는 방법으로 사용한다는 사실이다. 그리고 우리가 믿기에는 이것이 그리스도의 몸에 오명을 가져다 준다.

이단heresy과 이단적heretical이라는 단어를 더 자세히 살펴보기로 하고 핵심적인 질문 두 가지를 던져보자.

1. 신약성서에서 이단의 의미는 무엇인가?
2. 초기 교회사에서 이단의 의미는 무엇이었는가?

신약성서의 저자들이 이해한 이단

우리가 신약성서의 저자들이 이해했던 이단이라는 단어를 말할 때 사람들은 언제나 충격을 받는다.

첫째, 이단은 거짓 교리와 같은 것이 아니었다. 이단은 특정한 관습이었고, 그것도 육신적인 것이었다.

바울에 의하면, 이단이 된다는 것은 지역에 있는 신자들의 몸 안에서 당을 짓는 것을 의미했다. 따라서 누가 이단자로 여겨지려면, 그들이 무엇을 믿었느냐가 아니라 그들 자신이 믿는 바를 어떻게 행하였느냐에 달려있었다.

만일 누가 참 교회를 분열시켰다면 그들은 이단의 혐의를 쓰게 되었다. 결론적으로, 진리를 믿었어도 이단자가 될 수 있었다.

헬라어로 살펴봄

*Vine's Expository Dictionary*에 의하면, 하이레시스hairesis라는 헬라어 단어는 선택함을 의미한다. 선택은 분열 또는 분파의 형성과 연결된 견해이다. "[그것은] 특정한 진리 또는 진리의 왜곡을 선호한다는 의미를 정확히 내포한다." 그리고 "일반적으로 개인적인 유익을 기대한다는 의미도 포함되어 있다."

F. F. 브루스는 그의 고린도전서 주석에서 고전 11:19의 하이레시스와 고전 11:18의 쉬스마타schismata가 동의어임을 지적했다. 이 단어는 둘 다 단순히 "분열" 또는 "파당"이라는 뜻이다. 따라서 이단자는 분열, 갈등, 파당을 초래하는 사람이다.

만일 당신이 참 교회를 분열시키는 것이 심각한 일이 아니라고 생각한다면 다시 한번 생각하기를 바란다. 바울은 고전 1:13에서 참 교회를 분열시키는 것이 얼마나 심각한 것인지를 그리기 위해 예수 그리스도를 산산조각내는 이미지를 사용했다.

바울은 딛 3:10에서 "이단에 속한 사람분열시키는 사람, a divisive person을 한두번 훈계한 후에 멀리하라"고 말했다.

바울은 여기서 하이레티코스hairetikos라는 단어를 사용하는데, 그것은 "이단자"라는 뜻이다. 하지만 그것은 잘못된 믿음을 가진 사람을 가리키지 않는다. BDAGBauer and Dank's Greek-English Lexicon에 의하면, 그것은 "분열을 불러일으키고, 당을 짓고, 분열을 조장하고, 분열을 만들어내는 것과 관련이 있다."

예상한 바와 같이, 성서의 현대 번역판들은 그것을 "분열을 일으키는 사람 누군가"NRSV, "분열시키는 사람"NKJV, "분열시키는 사람"NIV, "당을 짓는 사람"ASV, NASB, "분열을 조장하는 사람"ESV, "논쟁을 일으키는 사람들"NCV, 그리고 "문제를 일으키는 사람들"CEV로 번역한다.

놀랄 것도 없이, 바울은 하이레시스이단 또는 파당를 "육신"의 일 중의 하나로 열거한다.갈5:20 성령으로 행하는 사람은 언제나 교회 안에서 하나됨을 추구한다. 하지만 분열을 일으키는 사람은 육신을 따라 행한다. "육신의 일"이 그 사람의 믿음이 아니라는 것을 주목하라. 그것은 그 사람의 분열을 초래하는 행위를 가리킨다.

벤 위더링턴Ben Witherington이 사회학적, 수사학적으로 고찰한 그의 갈라디아서 주석에서 주목했듯이, 갈 5:20의 하이레시스이단와 디코스타시아이dichostasiai, 분쟁는 둘 다 "그리스도의 몸을 나누고" "다르다는 것을 파당을 짓는 구실로 사용하는" 사람을 염두에 두고 있다.1

그러므로 신약성서의 정서로 "이단"이라는 단어는 분열, 분파, 파당, 또는 파벌을 만드는 것이었다. 이런 이유로, 사도행전의 저자는 이것을 유대교 안의 각기 다른 분파를 묘사하는 단어로 사용한다.행5:17, 15:5, 24:5, 14, 26:5, 28:22

이단은 지역 모임을 분열시키는 것과 관련이 있었지, 분열시키는 파당의 믿음이 옳은지 틀린지의 문제가 아니었다.

물론 이단이 지역 모임을 분열시키며 거짓 가르침을 강요하는 사람에 의해 시작될 수 있었던 것은 사실이다. 베드로는 멸망케 할 이단hairesis을 교회에 가만히 끌어들이는 거짓 선생들을 경고할 때 이것을 암시했다.벧후

2:1

    이 구절을 이해하기 위해서는, 앞에서 지적한 것을 상기하는 것이 중요하다. 즉, 하이레시스가 믿음의 옳음이나 옳지 않음을 가리키는 것이 아니라 분열을 조장하거나 분파를 형성하도록 하는 선택을 가리킨다는 것.

    이것이 바로 거짓 선생들이 그리스도의 몸에 가지고 들어오는 것이고, 그 몸을 분열시키는 것이라고 베드로는 말했다. 이것이 그가 왜 "멸망케 할"이라고 했는지의 이유이다. 다시 말해서, 분열이 하나님께는 아주 심각한 것이다.

    사실, 이 의미는 베드로가 그 다음 구절에서 "여럿이 저희 호색하는 것을 좇으리니 이로 인하여 진리의 도가 훼방을 받을 것"이라고 경고한 것으로 확인된다._{벧후 2:2}

    그 단어의 신약성서적 정의에 의하면, 만일 이 거짓 선생들이 분열을 일으키게 하는 선택을 지체들에게 소개하지 않았다면, 그들은 여전히 거짓 선생이고 이단자는 아니었을 것이다.

    이것에 비추어서, 우리가 믿기에 거짓 교리를 수용하는 사람은 잘못 배운 것이고_{잘 봐줘서 아니면} 속은 것_{최악의 경우에}이라고 말할 수 있다. 우리는 심지어 그들을 잠재적인 이단자로 규정할 수 있다. 하지만 그들이 다른 사람들로 그들이나 그들의 거짓 교리를 따르게 하려고 신자들의 몸을 분열시키기 위해 그들의 믿음을 사용하지 않는다면, 그들은 성서적 정의로서의 이단자에는 부합하지 않는다.

    그러므로 만일 우리가 이단이나 이단적이라는 단어를 성서적으로 사용하기를 바란다면, 그들을 "이단자"로 일컬으면 안 된다.

    반면에, 이단의 성서적인 이해로 볼 때 분명한 것은, 어떤 교리 하나라도 지지하지 않았던 사람은 이단자일 수 있다. 신약성서에 의하면, 참 교회를 어떤 이유로든지 분열시키는 사람은 누구나 이단자로 규정될 수 있을 것이다.

진리를 이단적으로 유포하는 것

우리가 앞에서 언급했듯이, 이단자는 심지어 뭔가 선한 것을 신봉하지만 그것을 분열시키는 방식으로 하는 사람일 수 있다.**

예를 들어, 새로운 교회가 세워졌다고 가정해보자. 거기에는 지체들 사이에 하나됨이 있다. 그들의 유일한 초점은 예수 그리스도이다. 그들은 함께 그분을 추구하고, 알고, 사랑하고, 섬기기에 바쁘다.

어느 날 교회의 지체 중 하나인 로버트Robert가 이렇게 말한다: "나는 방금 전에 내가 전에는 한 번도 발견한 적이 없는 것을 깨달았습니다. 하나님께서 가난한 사람들을 정말 사랑하십니다. 그리고 그분은 우리가 이미 하고 있는 것 이상으로 가난한 사람들을 돕기를 원하십니다." 가난한 사람들을 섬기는 것은 이 교회가 그들이 속한 지역을 섬기는 방법 중 하나였는데, 로버트는 그가 찾은 새로운 열정에 사로잡혀 교회가 다른 것들에는 관심을 덜 가지기를 원했다.

물론 로버트가 한 말은 절대로 틀린 것이 아니다. 그리고 만일 로버트가 자신이 깨달은 것을 기도하는 마음으로 분별하면서 교회에 발표하고 그것에 관해 지체들이 더 생각하도록 시간을 주었다면, 하나님께서 그 사

** 예를 들면, 고전 1장에 등장하는, 자신들이 선호하는 사도들을 놓고 고린도교회 안에서 분쟁을 일으켰던 ("나는 바울에게 속했다", 또는 "나는 아볼로에게 속했다", 또는 "나는 게바에게 속했다" (고전 1:12)) 사람들은 뭔가 선하고 또 하나님께서 인정하시는 것(즉, 사도들)을 놓고 이단적으로 행동했다. 바울이 이 특정한 분쟁을 묘사하기 위해 "이단" 또는 "이단적"이라는 단어를 사용하지는 않았지만, 고전 1:10에서 본질적으로 동일한 의미를 갖고 있는 쉬스마타(schismata) 라는 단어를 사용한다.

역을 이 새 교회의 우선 순위로 맡기셔서 돕도록 그를 사용하신 것일 수도 있다.

유감스럽게도, 로버트는 그렇게 하지 않는다. 그는 교회 전체가 자신의 열정을 생각만큼 빨리 알아차리지 못하는 것에 점점 불만이 쌓인다. 그래서 그의 열정과 "한 배를 탄" 것으로 보이는 교회 안의 열두 명 안팎의 교인들을 자주 식사에 초대하기 시작한다.

그는 자기 의의 덫에 빠져서, 교회 안의 "알아듣지 못하는" 사람들을 향한 비판의 씨앗을 초대받은 사람들 속에 심기 위해 이 시간들을 사용하기 시작한다.

머지 않아, 로버트는 그의 기준에 따라 가난한 사람들을 향한 하나님의 마음을 드러내는 새로운 사역을 시작하기 위해 그 자신과 그가 모집한 사람들이 교회를 떠난다고 발표한다. 그리고 그는 다른 사람들에게도 가담할 것을 권한다.

로버트는 막 교회를 분열시켰다. 따라서 그는 신약성서적 정서의 용어로써 이단자로 규정된다. 하지만 그는 진리를 따르는 이단자이다. 로버트는 성서적 진리를 육신적인 방법으로 사용했다. 그는 하나님의 사람들 가운데 분열을 일으키는 일에 그것을 칼처럼 휘둘렀다.*****

교회사에서 나중에 등장한 이단

교회사에서 나중에 등장한 대부분의 이단은, 즉 하나님의 사람들을 분

*** 우리가 단순히 교회를 떠나는 것 자체(특히 그것이 진짜 분파이거나 거짓 교리를 가르치는 것일 경우에)가 분열을 조장한다고 말하는 것이 아님을 명심하라. 또는 회개하지 않고 죄를 계속 범하는 사람을 교회가 출교시키는 것을 분열이라고 말하는 것이 아니다. 즉, 여러 차례 회개를 촉구했는데도 불구하고 끊임없이 죄를 짓고 있는 사람들의 경우 (마 18장) 우리는 그런 상황을 말하는 것이 아니다.

열시키는 사람들은 거짓 가르침을 유포시켰다. 따라서 이단자라는 단어가 거짓 교리들과 결부되었다. 즉, 그것들은 많은 경우 예수 그리스도의 인격을 왜곡시키는 교리였다.

하지만 그런 경우에도 이단이라는 딱지는 기본적인 정통 교리들을 부인할 뿐만 아니라 실제로 그것들에 반하여 행하는 사람들에게 붙여진 것이었다.

전통적으로, 공통적인 신경니케아 신경, 사도 신경, 칼케돈 신경은 정통의 척도들을 정의하고, 따라서 이단의 척도들도 정의한다.

이것에 비추어서, 우리는 이단자라는 단어가 이 신경들이 표현하는 대로 오직 역사적인 정통 교회에 반하여 행하는 사람들에게 적용되어야 함을 따라야 한다. 그러나 아주 흥미롭게도, 오늘날 그리스도 안의 동료 자매들과 형제들에게 맘대로 수소 폭탄을 투하하는 그리스도인들이 주장하는 많은 주제에 관해서는 이 신경들이 침묵하고 있다.

핵심적인 요점

그렇다면 우리의 주된 요점은 무엇인가?

아주 간단하다. 오늘날 동료 형제들에게 수소 폭탄이단의 발사 단추를 누르는 수많은 그리스도인의 방법은 1세기 그리스도인들이 이해했던 방법 뿐만 아니라 교회사의 나중에 등장하는 단어의 사용 방법 둘 다에 어긋난다.

우리가 앞에서 주목한 것처럼, 이단이라는 단어를 실제로 교회에 반하여 행하는 사람들에게 국한시키는 대신, 공통적인 신경들을 정통의 궁극적인 척도로 삼는 대신, 오늘날 많은 사람이 그들의 특정한 신앙 체계를 "정통"의 표준으로 삼고 단순히 그들과 다르게 믿는 모든 사람에게 수소 폭탄을 투하한다.

애석하게도, 오늘날 동료 그리스도인들에 의해 부당하게 이단자로 불리는 대부분의 사람들은 역사적 기독교 신경들에 의하면 완전히 정통인 사람들이다. 그리고 그들은 지역 교회들을 분열시키지도 않는다. 하지만 어떤 사람들은 단지 그들이 그리스도의 재림, 교회론, 또는 성령의 은사에 관해 특정한 견해를 가졌다는 이유로 그들을 이단자로 규정한다

또 어떤 사람들은 창세기 1장을 독특하게 해석한다는 이유로 이단자의 낙인이 찍혔다. 또는 하나님의 주권, 선택, 자유 의지, 또는 미래에 있을 일들을 특별하게 이해한다는 이유로 이단자로 몰렸다.

따라서 우리의 주장은 다음과 같이 요약된다:

만일 누가 역사적 기독교 신경들(니케아 신경, 사도 신경, 칼케돈 신경과 궤를 같이 같이하는 믿음을 고수하고, 신자들의 지역 모임을 분열시키지 않는다면, 그들을 이단자로 부르는 것은 그 단어를 야비하게 왜곡시키는 것이다.

그리고 이런 식으로 모호하게 낙인 찍는 것은 성령을 근심케 한다.

따라서 우리의 요구는 그리스도의 몸 안에 있는 자매들과 형제들이 이단자라는 단어를 신약성서와 초기 교회의 정의에 맞게 사용하도록 하는 것이다. 그렇게 함으로써, 우리는 수소 폭탄의 투하를 훨씬 덜 보게 될것이고, 그리스도의 몸 안에서 유혈 사태를 훨씬 덜 보게 될 것이다.

그리고 이것은 성령님께 기쁨을 안겨드릴 것이다!

25 • 그들은 우리의 스승이다

이 책의 요점을 약간 다른 방식으로 이렇게 되풀이 하겠다: 만일 우리가 우리 믿음에 가장 큰 영향을 끼친 사람들을 존경하지만 완전히 동의할 수 없다면, 그리스도 안의 동료 자매들과 형제들을 완성된 작품이 아닌 변화의 과정 중에 있는 존재로 대하여야 하지 않겠는가?

또는 달리 말해서, 만일 우리가 그들의 미심쩍은 견해들에도 불구하고 하나님 나라 안에 그들을 포함시킬 수 있다면, 우리가 서로를 포함시키는 것은 어떤가?

또한 내 생각에는, 정도를 벗어난 많은 견해가 그들이 살았던 시대적 상황과 주위 환경 때문이라고 꽤 설득력있게 주장될 수 있음을 주목하라.

이것은 내가 다뤘던 교회사의 모든 거장에게도 적용될 수 있다. 우리 자신도 예외는 아니다. 나는 이것을 확신한다: 만일 칼빈, 루터, 웨슬리, 에드워즈, 스펄젼, 그리고 다른 사람들이 우리 시대에 살았다면, 오늘날 그리스도인들이 갖고 있는 많은 견해를 "쇼킹"하게 받아들일 것이다.

이런 점에서, 나는 은혜, 겸손, 분열의 사악함의 중요성에 관해 이 책에서 다뤘던 사람들을 인용하면서 이 책을 마치고자 한다. 이렇게 함으로써, 그들은 우리의 스승이 되어 섬길 수 있고, 더 나아가서 사람이 가진 "쇼킹한 믿음"에도 불구하고 하나님께서 그를 사용하실 수 있음을 우리에게 보여줌으로써 섬길 수 있다.

C. S. 루이스

두 종류의 사랑이 있다. 우리는 지혜가 있고 친절하며 아름다운 사람들을 사랑한다. 왜냐하면, 우리가 그들을 필요로 하기 때문이다. 하지만 우리는 어리석고 동의할 수 없는 사람들을 사랑한다. 또는 사랑하려고 애쓴다 왜냐하면, 그들이 우리를 필요로 하기 때문이다. 이 두 번째 사랑이 더 하나님의 사랑에 가까운데, 이것이 하나님께서 우리를 사랑하시는 방법이기 때문이다. 우리가 사랑스럽기 때문이 아니라, 그분이 사랑이시기 때문이다. 그분이 사랑을 받으시려 함이 아니라, 그분이 주는 것을 기뻐하시기 때문이다.1

조나단 에드워즈

올바른 영을 가진 사람은 좁고 사사로운 개인적 견해를 가진 사람이 아니고, 그가 속한 공동체의 선을 위해 크게 흥미를 갖고 또 관심을 가진 사람이다. 특히 그가 살고 있는 도시나 마을에, 그리고 그가 속한 사회의 진정한 안녕을 위해 관심을 가진 사람이다.2

마틴 루터

나는 지구상에 작고 거룩한 무리, 즉 머리이신 그리스도 아래서 모이는 순결한 성도들의 거룩한 모임이 있다고 믿는다. 그들은 성령에 의해 한 믿음, 한 마음, 한 합의 안에서 함께 부르심을 받았다. 그들은 많은 은사를 소유하지만 사랑 안에서 분파나 분열 없이 하나이다.3

존 칼빈

이 비본질적인 문제들을 놓고 생긴 견해의 차이가 그리스도인들 가운데 결코 분열의 기초가 되어서는 안 됨을 이것이 만족스럽게 시사하고 있지 않은가? 다른 무엇보다도 더, 우리는 모든 점에서 동의해야 한다. 하지만 모든 사람이 어떤 면에서 무지로 눈이 어두워졌기 때문에 우리는 둘 중의 하나를 해야 한다: 교회를 남겨놓지 말든지, 아니면 신앙 전체에 끼치는 피해가 없고 구원을 잃는 일 없이 모르고 지나갈 수 있는 문제들에 내재한 오해를 용납하든지.4

어거스틴

모호하고 우리의 시야를 한참 벗어난 문제들 안에서, 심지어 우리가 발견할 수 있는, 성서에서 다루어진 것들 안에서도, 때로는 우리가 받아들인 믿음에 대한 선입견 없이 다른 해석이 가능하다. 그런 경우에, 우리는 성급히 내달리지 말고 굳게 한쪽을 고수해야 한다. 만일 진리를 추구하는데 있어 더 나은 진전이 이런 자세를 정당하게 꺾는다면, 우리도 그것과 함께 추락하게 된다. 이것은 성서의 가르침을 위해서가 아니라 우리 자신을 위한 싸움이 될 것이다. 즉, 우리 자신이 신성한 성서의 가르침을 따르기 원해야 하는데, 그 가르침을 우리에게 맞추려고 하는 것이다.5

존 웨슬리

당신은 불같이 괴롭히는 열성분자가 되지 않도록 주의하라. 하나님께서 사람의 생명을 구하지 않고 파괴하시려고 당신을 부르셨다는 상상을 하지 말라. 당신은 그분의 영을 거스르면서 당신의 주님을 조정하려 한다. 사람들을 하나님의 길로 강요하려는 망상을 절대로 갖지 말라. 스스로 생각하고 또 생각하라. 신앙의 문제들에 통제를 가하지 말라. 그 길에서 가장 멀리 떨어져 있는 사람들조차도 결코 이성과 진리와 사랑이 아닌 다른 어떤 수단으로 강요해서 오게 해서는 안 된다.6

찰즈 스퍼전

사탄은 언제나 그리스도인의 교제를 싫어해서 그리스도인들의 사이를 멀어지게 하는 것이 그의 방책이다. 성도들을 피차간에 분열시킬 수 있는 것은 무엇이든지 그가 기뻐하는 것이다. 우리가 경건한 교제의 중요성에 무게를 두는 것보다 그가 훨씬 더 그렇게 한다. 하나됨에 힘이 있기 때문에, 그는 분열을 조장하기 위해 최선을 다한다.7

D. L. 무디

나는 아직 주님의 사람들이 분열된 곳에서 역사하시는 하나님의 영에 대해 결코 들어본 적이 없다.8

빌리 그레이엄

[예수님은] 믿는자들 가운데 하나됨을 위해 기도하셨다. 그리스도 안에서 사람의 하나됨을 원하시는 하나님은 다양성의 하나님이시다. 우리는 꽤 자주 모든 사람이 똑같이 되기를 원한다. 즉, 우리처럼 생각하고, 말하고, 믿기를 원한다. 사랑이 그리스도인을 하나되게 하는 실질적인 열쇠임을 증거한다고 말할 수 있는 성서의 구절이 많이 있다. 진정한 겸손과 긍휼과 배려의 정신, 그리고 이기적이지 않은 정신으로, 우리는 우리의 문제와 우리의 사역에, 그리고 우리의 차이점에도 접근해야 한다.9

학자들을 위한 제언

이 책은 학자들을 향해 또는 학자들을 위해 쓴 것이 아니고 대중을 위해 쓴 책이다. 그러나 나는 내가 각 장에서 열거한 "쇼킹한 믿음"이 사실 무근의 날조된 것이 아님을 독자들에게 보여주기 위해 아래의 자료후주를 제공했다.

내가 제공한 자료들 가운데 어떤 것들은 직접적인 자료이다. 또 어떤 것들은 최초의 문서들에서 퍼온 역사가들로부터 인용한 간접적인 자료이다.

어떤 학자들은 특정한 역사가들에게 트집을 잡을 수 있을 것이다. 윌 듀란트 같은 하지만 내가 인용한 듀란트와 다른 역사가들은 내가 그들을 인용한 특정한 주장에 있어 틀렸음이 밝혀지지 않았다. 그러므로 만일 당신이 이 책에서 내가 열거한 "쇼킹한 믿음"에 대해 트집을 잡을 게 있다면, 직접 나에게 연락해서 나의 정보가 어디에서, 그리고 어떻게 틀렸는지를 정확하게 알려달라.

만일 당신이 옳다면, 다음에 재인쇄할 때에 수정될 것이다. 그렇지만, 만일 직접 나에게 연락할 수 없다면, 제발 부탁인데, 간접적 자료를 사용한 것에 대해, 또는 당신이 존경하지 않는 역사가들을 인용한 것에 대해 비판하며 논란을 부풀리지 말라. 그것보다는 조금 더 통이 커야 하지 않겠는가?

나의 이메일은 나의 블로그 frankviola.org에 있는 연락처 페이지에서 찾을 수 있다.

그렇다면그렇다. 나는 다시 한번 그것을 되풀이 하겠다, 이 책의 요지는 과거의 가장 위대한 그리스도인들 중 하나가 가졌던 특정한 "쇼킹한 믿음"에 있지 않다. 그 요점은, 교회사에 한 획을 그은 사람들이 흠 있는 사상을 고수했다면 오늘날 우리가 신학적인 대화에서 더 은혜로울 필요가 있다는데 있다.

후주

3 • 우리는 부분적으로 안다
1) Frank Viola, *Revise Us Again* (Colorado Springs: David C. Cook, 2010)

4 • 견해가 다른 사람들을 존중하기
1) John Whitehead, *The Life of the Rev. John Wesley, M.A. with the Life of the Rev. Charles Wesley, M. A.* (London: John E. Beardsley, 1793), 529.
2) Warren W. Wiersbe, *Wycliffe Handbook of Preaching and Preachers* (Chicago: Moody, 1984), 255.

5 • 유혈 스포츠가 아님
1) "피의 발자취(trail of blood)"에 관해 더 자세한 것은 비극적인 이야기를 정리해놓은 다음과 같은 책들을 참고하라: E. H. 브로우드벤트, 순례하는 교회 (전도출판사, 2007); Kim Tan, *Lost Heritage* (Surrey, England: Highland Books, 1996); Leonard Verduin, *The Reformers and Their Stepchildren* (Grand Rapids: Eerdmans, 1964)

6 • C. S. 루이스가 가졌던 쇼킹한 믿음
1) Philip Ryken, "Lewis as the Patron Saint of American Evangelicalism," in Judith Wolfe and B. N. Wolfe, eds., *C. S. Lewis and the Church: Essays in Honour of Walter Hooper* (New York: T&T Clark International, 2011), 174−85.
2) J. I. Packer, "Still Surprised by Lewis," *Christianity Today*, September 7, 1998, 55.
3) "Religion: Don v. Devil," *Time*, September 8, 1947.
4) Packer, "Still Surprised by Lewis," 60.
5) Peter Kreeft, *Between Heaven and Hell* (Downers Grove, IL: InterVarsity, 1982) 흥미롭게도, Aldous Huxley(역자 주: 영국 출신의 저명한 작가)도 같은 날 사망했다. Kreeft는 저 세상에서 벌어졌을 법한 루이스와 케네디와 Huxley의 가상 대화를 꾸몄다. 눈에 띄는 것은 루이스와 케네디 둘 다 친구들에게 "Jack"이라고 불렸다는 사실이다. 그러나 이것은 별로 중요하지 않다.
6) Joel S. Woodruff, "The Generous Heart and Life of C. S. Lewis," *Knowing and Doing*, September 2013; John Blake, "The C. S. Lewis You Never Knew," CNN Belief (blog),

December 1, 2013.

7) Blake, "C. S. Lewis You Never Knew"; Alister McGrath, C. S. Lewis, *A Life: Eccentric Genius, Reluctant Prophet* (Carol Stream, IL: Tyndale, 2013), 166.

8) Blake, "C. S. Lewis You Never Knew"; *McGrath, C. S. Lewis, A Life,* 163.

9) Joel S. Woodruff, "C. S. Lewis's Humble and Thoughtful Gift of Letter Writing," *Kowing and Doing*, Fall 2013.

10) Blake, "C. S. Lewis You Never Knew"; *McGrath, C. S. Lewis, A Life,* 67-69.

11) Blake, "C. S. Lewis You Never Knew."

12) Blake, "C. S. Lewis You Never Knew." 루이스의 아내(Joy Davidman)는 루이스보다 17살 아래인 미국인으로서 시인이고 작가였다. 루이스가 *A Grief Observed*를 쓴 후에 많이 집필했고, Joy가 죽기 전에 루이스가 한 옥스포드 대학교수와의 토론에서 패했다고 생각했기 때문에 이것이 그의 생각을 수정하게끔 했다고 여러 전기 작가가 결론지었음을 주목하라.

13) C. S. Lewis, *Letters to Malcolm* (San Francisco: HarperOne, 2017), 144.

14) Lewis, *Letters to Malcolm*, 145-146. 루이스가 "연옥에 관한 로마 가톨릭 교리"에는 거리를 두었지만, 로마 가톨릭 회심자인 존 헨리 뉴만(John Henry Newman)의 Dream of Gerontius를 "올바른 견해"라고 여기며 긍정적으로 언급한 것을 주목하라. 루이스는 연옥에 관한 정통 기독교의 견해에 황금기가 있었다고 믿었던 것 같다. 그 견해는 한때 퇴출되었다가 뉴만 추기경에 의해 되살아났다.

15) Lewis, *Letters to Malcolm*, 145.

16) C. S. Lewis,『순전한 기독교』*Mere Christianity* (New York: Collier Books, 1960), 176-177.

루이스는 이렇게 피력했다:

> 현실 세계의 상황은 그들의 생각보다 훨씬 복잡합니다. 세상은 100퍼센트 그리스도인과 100퍼센트 비그리스도인으로 이루어져 있지 않습니다. 그리스도인으로 자처하는 사람들 중에서 서서히 신앙을 버리고 있는 이들이 있습니다.(상당히 많지요) 개중에는 성직자들도 있습니다. 또 그리스도인으로 자처하지는 않지만, 서서히 그리스도인이 되어 가고 있는 사람들도 있습니다. 그리스도에 대한 기독교의 교리를 완전히 수용하지는 않지만 그에게 강하게 끌린 나머지 자기 생각보다 더 깊은 의미에서 이미 그의 소유가 되어 있는 사람들도 있지요. 다른 종교를 믿지만 하나님의 은밀한 영향을 받아 자기 종교 중에서도 기독교와 일치하는 부분에만 집중함으로써, 자기도 모르는 사이에 그리스도께 속하게 되는 사람들도 있습니다. (루이스, 순전한 기독교 [홍성사 간], 315)

그는 또 이렇게 말했다:
> 물론 구원은 전부 예수님을 통해야 하지만, 이생에서 그분을 분명히 영접하지 않은 사람들을 구원하시지 않는다고 단정지을 필요는 없음을 유념해야 합니다. (C. S. Lewis, *God in the Dock* [Grand Rapids: William B. Erdmans, 1970], 101-2)

17) 루이스는 1960년 4월 28일에 Audrey Sutherland에게 보낸 편지에서 이런 사상을 설명했다. *Collected Letters*, vol. 3, 1147-8을 참조할 것.

또한 다음을 참조할 것: C. S. Lewis, *The Great Divorce* (New York: Macmillan, 1946), 126-30; C. S. Lewis, *The Last Battle* (New York: Macmillan, 1956), 150-57. *The Last Battle*에서, 우리는 뜻밖에 하늘에 와있는 Calormene(무슬림)을 만나게 된다. Aslan이 Calormene에게 다음과 같이 말한다: "영광스러운 자가 말하기를, 사랑하는 자여, 너의 갈망이 나를 향하지 않았다면 너는 그토록 오랫동안 신실하게 찾지 않았을 것이다. 왜냐하면, 모든 사람이 그들이 진정으로 찾는 것을 발견할 것이기 때문이다" (p 156) 루이스가 언제나 그런 추측에 근거한 문제들에 관해 시험해본다는 것을 주목해야 한다. 그는 그의 영적 멘토인 조지 맥도날드(Geroge MacDonald)의 다음과 같은 사상을 납득하지는 않았지만 그것에 매료되었다: 하나님은 사람들을 그분 자신에게로 돌아오게 하기 위해 지옥까지도 사용하실 것이다. 그러나 자유 의지에 대한 루이스의 투철한 믿음은 그로 하여금 우리가 원하는 것을 얻게 된다는 결론, 즉 어떤 사람들은 지옥을 원한다는 결론에 도달하게 했다. 따라서 *The Great Divorce*에서, 지옥에 있는 영혼들 거의 대부분은 그곳에 머물러 있기를 선택한다. 루이스에 의하면, 사람들은 죽은 후에도 계속해서 결정을 내린다. *The Last Battle*은 다음과 같이 암시하는듯하다: 이 숫자엔 복음을 들어보지 못한 모든 사람이 포함되지 않고, 이생에서 이미 그리스도를 향해 근본적인 선택을 했던 사람들만이 포함되어 있다.

18) C. S. Lewis, George MacDonald, *An Anthology* (New York: Macmillan, 1978), xxx-xxxi. 맥도날드가 사망했을 때 루이스의 나이는 단지 일곱살이었다. 루이스는 이렇게 말했다: "내가 조지 맥도날드에 관해 알게 된 모든 것은 그가 집필한 책들, 아니면 그의 아들 Dr. Greenville MacDonald가 1924년에 출간한 전기를 통해서이다. 그와 만났던 사람들 중에 내가 만나서 그에 관해 말한 적은 단 한 번뿐이었다" (Lewis, George MacDonald, xxi)

19) C. S. 루이스, 『순전한 기독교』(홍성사 간), 132.

20) C. S. Lewis, *Reflections on the Psalms* (San Francisco: HarperCollins, 2017), 128.

21) Lewis, *Reflections on the Psalms,* 130. 루이스는 130쪽 이후에서 이 주제에 관한 그의 생각을 발전시킨다.

22) Lewis, *Reflections on the Psalms*, 22. 루이스는 130쪽에서 이것에 대한 자신의 생각을

발전시킨다.
23) Lewis, *Reflections on the Psalms*, 128.
24) J. I. Packer in "Still Surprised by Lewis," *Christinity Today*, September 7, 1998, 56.
25) Packer, "Still Surprised by Lewis," 60.

7 • 조나단 에드워즈가 가졌던 쇼킹한 믿음

1) Walter A. Elwell, *Evangelical Dictionary of Theology* (Grand Rapids: Baker Academic, 2001), 366.
2) Robert W. Jenson, *America's Theologian: A Recommendation of Jonathan Edwards* (New York: Oxford University Press, 1992) 어떤 역사가들은 에드워즈가 미국의 가장 위대한 지성이요 신학자, 또는 그에 해당하는 인물이라고 말하기를 주저하지 않는다.
3) Jonathan Edwards, "Letters to the Reverand John Erskine, *Northampton*, July 5, 1750," in *Letters and Personal Writings, The Works of Jonathan Edwards* (WJE) 16:355; WJE, vol. 1 (London: Ball, Arnold, and Co., 1840), clxiii. 또한 다음을 참조할 것: Jonathan Gibson, "Jonathan Edwards: A Missionary?" published on the themelios website.
4) Michael Bird, "If John Edwards Was Here Today!" *Patheos*, August 10, 2012; 또한 다음을 참조할 것: Gerald R McDermott, "Jonathan Edwards and American Indians: The Devil Sucks Their Blood," *New England Quarterly*, December 1999; 72, 4; ProQuest Direct Complete p. 539. 이 글은 아메리칸 원주민들을 위한 에드워즈의 옹호 및 그들을 향한 그의 변화된 태도를 설명한다. 그것은 인종적 편견을 벗어나서 사회적 구속의 한 측면을 경험한 사람의 예이다.
5) 에드워즈는 보통 조용하게 말했고 과장된 제스처 없이 말했다. "그는 강조할 때 결코 큰 소리를 낸 적이 없었고, 과장된 제스처를 사용한 적도 없었다. 왜냐하면 그가 그의 설교에 있어 두드러진 이미지와 논리적인 주장에 의지했기 때문이다." (*Christian History* 4, no. 4 [1985]; 6)
6) 에드워즈와 노예제도에 관한 자세한 설명은 다음을 참조할 것: Sherard Burns, "Trusting the Theology of a Slave Owner," in John Piper and Justin Taylor, eds., *A God-Entranced Vision of All Things: The Legacy of Jonathan Edwards* (Wheaton: Crossway, 2004), 145-74; George Mardson, *Jonathan Edwards: A Life* (New Have: Yale University Press, 2004), 255-58; and Kenneth P. Minkema, "Jonathan Edwards's Defense of Slavery," *Massachusetts Historical Review* 4 (2002): 23-59.
7) Thabiti Anyabwile, "Jonathan Edwards, Slavery, and the Theology of African Americans," paper presented at Trinity Evangelical Divinity School, February 1, 2012.
8) Robert C. Fuller, *Naming the Antichrist: The History of an American Obsession* (New York:

Oxford Universisty Press, 1995), 66. 또한 다음을 참조할 것: Glen R. Kreider, *Jonathan Edwards's Interpretaion of Revelation* 4:1-8:1 (New York: University Press of America, 2004), 157; Christopher B. Holdsworth, "The Eschatology of Jonathan Edwards," *Reformation and Reviva*l 5, no. 3 (Summer 1996)

9) Jonathan Edwards, *The Works of President Edwards*, vol 4 (New York: Leavitt & Allen, 1852), 318.

10) 에드워즈가 이 설교에서 주제의 이미지가 "회중 안의 불신자들을 일깨우기 위해" 의도되었음을 설명한 것에 주목하라. 에드워즈는 그냥 죄인들을 향한 하나님의 증오에 목청을 높이지 않았다. 이 설교 전체가 복음전도의 한 유형이었다. 그의 목표는 죄인으로 하여금 그리스도를 신뢰하고 구원받도록 자극하는 것이었다. 더 자세한 개요는 다음을 참조할 것: John Gerstner, "Justifying a Scare Theology," in J*onathan Edwards, Evangelist* (Morgan, PA: Soli Deo Gloria Publications, 1995), 24-33.

11) Jonathan Edwards, *The Works of President Edwards*, vol 3 (New York: Leavitt & Allen, 1852), 313.

12) 이 점에 관해서 다음과 같이 미묘한 뉘앙스로 표현한 한 저자의 말을 주목할 필요가 있다:

> 다가올 천년의 초점 또는 중심지가 미국이 될 것이라고 에드워즈가 믿었거나 설교했던 적은 한 번도 없다. 오히려 그는, 기껏해야 궁극적으로 새 천년이 도래하도록 할, 저 간헐적인 부흥운동이 일어나게 될 곳을 미국이라고 지목했던 것뿐이다. 적어도 250년이 지난 후에야… 에드워즈가 믿었던 것에 관해 혼동을 불러일으키는 대부분은 그의 저작 *Some Thoughts Concerning the Revival* (1742) 에 있는 표현 하나에서 비롯되었다. 그가 그 책에서 "하나님의 영이 행하시는 매우 기이하고 놀라운 이 역사[즉, 부흥운동, 대 각성운동]가 성서에서 그토록 자주 예고된 하나님의 영광스러운 역사의 여명, 또는 적어도 서막이라 할 수 있다" 고 천명한 부분이다. 그는 나중에 이렇게 말했다: "이 하나님의 영광스러운 역사가… 가까이 왔음에 틀림없다." (Smuel Storms, *Signs of the Spirit: An Interpretation of Jonathan Edwards' Religious Affections* [Wheaton: Crossway, 2007], 186-188.

하지만 "이 하나님의 영광스러운 역사"는 새 천년 자체를 가리킨 것이 아니고 "새 천년으로 인도할 오랜 기간의 간헐적인 부흥운동"을 가리킨 것이다. (Smuel Storms, "The Eschatology of Jonathan Edwards." SamStorms.com, posted on May 2, 2009) 그렇지만 에드워즈는 다음과 같이 분명히 말했다: "그리고 이 역사가 미국에서 시작될 개연성있는 정황은 널려있다" (Edwards, *Works of President Edwards*, 3:313)

13) 이와 관련된 많은 것은 에드워즈의 저작 두 권에서 찾을 수 있다: *Distinguishing*

Marks of a Work of the Spirit of God 과 *A Faithful Narrative of the Surprising Work of God*. 둘 다 초자연적인 현상에 대한 에드워즈의 신학을 자세히 기술하였고, 감정적인 분출에 관하여 내가 언급한 것을 지지해준다. 그 책들에서 발췌한 내용을 radical-resurgence.com/Edwards 에서 찾아볼 수 있다.

14) 다음을 참조할 것: Phil Roberts, Lessons from the Past—The Discernment of Signs: Jonathan Edwards and the Toronto Blessing, paper presented to the Evangelical Theological Society in Philadelphia, November 17, 1995.

15) Henry Sheldon, *History of the Christian Church*, vol. 4 (New Yord: Thomas Y. Crowell, 1895), 245.

16) 남은 부분도 아래에 인용한다:
> 나는 여러 번 삼위일체 안의 세 번째 위격의 영광을 감지했는데, 그것은 그의 거룩하게 하는 역할과 거룩한 역사 안에서 신성한 빛과 생명을 영혼에게 전달해주는 것이었다. 하나님은 그분의 성령의 운행하심으로 신성한 영광과 달콤함의 무한한 샘물로 나타나셨다. 영혼을 가득 채우고 만족시키기에 충만하고 충분하게, 달콤하게 소통함으로 자신을 쏟아내며, 영광 속에 있는 태양처럼 달콤하고도 즐겁게 빛과 생명을 확산시키면서 나타나신 것이다. 그리고 나는 때때로 하나님 말씀의 위엄을 크게 감지했는데, 그것은 생명의 말씀으로, 생명의 빛으로, 생명을 공급하는 달콤하고 뛰어난 말씀으로, 그 말씀에 목마른 심령과 함께 내 마음 속에 충만히 거하기 위해 다가왔다. (Jonathan Edwards, *The Works of President Edwards*, vol. 1 [New York: Leavitt & Allen, 1843], 25)

17) Roger Olson, "Why Is Jonathan Edwards Considered So Great?" *Patheos*, July 31, 2012. 이 점에 대한 자세한 내용과 에드워즈의 신학에 대한 올슨의 다른 반론들은 다음을 참조할 것: Roger Olson, *The Story of Christian Theology* (Downers Grove, IL: IVP Academic, 1999), 504–19.

18) Roger Olson, *The Story of Christian Theology*, 512.

8 • 마틴 루터가 가졌던 쇼킹한 믿음

1) Stephen E. Whicher and Robert E. Spiller, *The Early Lectures of Ralph Waldo Emerson*, vol. 1 (Cambridge, MA: Belknap Press, 1966), 119.

2) Christian History 11, no. 2:15. *Luther's Works (LW)* (Philadelphia: Fortress; St. Louis: Concordia, 1958–86, 2008–), 34:336–37에 의하면, 이 위대한 개혁자는 자신이 하나님의 의에 대해 "밤낮으로 묵상했다"고 말했다. 따라서 그 계시는 한 순간에 그에게 임하지는 않은 것으로 보인다.

3) Erwin Iserloh, *Theses Were Not Posted: Luther between Reform and Reformation* (Boston: Beacon Press, 1968); Kurt Aland, *Martin Luther's 95 Theses, with the Perinent Documents of the History of the Reformation,* trans. P. J. Schroeder et al. (St. Louis: Concordia, 1967); and "Martin Luther's 95 Theses Are 500 Years Old. Here's Why They're Still Causing Controversy," *Time*, October 31, 2017.

4) I.W, 54:311.

5) Gotthelf Wiedermann, "Cochlaeus as Polemicist," found in Peter Newman Books, ed., *Seven-Headed Luther* (Oxford: Clarendon Press, 1983), 198; *Christian History* 11, no. 2:28.

6) *Christian History* 11, no. 2:28; Roland Bainton, *Here I Stand: A Life of Martin Luther* (New York: Abingdon-Cokesbury Pressm 1950), 296.

7) Bainton이 *Here I Stand*, 298에 인용했다. 또한 다음을 참조할 것: Smith, *The Life and Letters of Martin Luther* (London: Forgotten Books, 2012), 284; *Christian History* 12, no. 3:3.

8) 루터에 관한 흥미로운 새 전기(biography)로 다음을 참조할 것: Brad S. Gregory, *Rebel in the Ranks* (New York: HarperOne, 2017)

9) I.W, 45:229.

10) 그 이유는 그가 성서의 해석을 놓고 유대인들과 부딪혔기 때문이다. 아울러, 그들이 그리스도인들을 유대교로 개종시키려 한다고 그가 확신하게 되었기 때문이다.

11) 이 발언은 루터가 받아들인 당대의 유대인에 대한 부정적이고 과장이 심한 고정 관념이 실린 주장의 일부이다. 루터는 그가 믿었던, 그리스도인들에 가한 유대인들의 말과 행위(그리스도인들의 아이들을 납치하고 죽임)에 대해서 이렇게 반응했다: "우리는 그들을 재워줬고, 우리와 함께 먹고 마시게 해주었다. 우리는 그들의 자녀를 납치하지 않고, 살상하지 않는다." 그러면서 루터는 다음과 같이 주장한다.

그래서 우리는 우리 주님과 그리스도인들이 무고하게 흘린 피에 복수하지 않는 잘못을 저지르기까지 한다. 그것은 그들이 예루살렘 멸망 이후 300년 간 흘리게 한 피이고, 그 이후로 그들이 흘리게 한 자녀들의 피이다.(여전히 그들의 눈과 피부에 비치는) 우리는 그들을 죽이지 않는 잘못을 범하고 있다. 오히려 우리는 그들이 우리들 가운데 자유롭게 살도록 허용하고 있다. 그들의 모든 살인, 저주, 신성모독, 거짓, 모략에도 불구하고, 우리는 그들의 회당, 집, 삶, 그리고 그들의 재산을 보호하고 방어해준다. 이렇게 함으로써 우리는 그들이 우리의 돈과 재물을 담대히 빼앗도록, 또한 우리를 조롱하고 비웃도록 그들을 게으르게 하고, 그들을 지켜주고 격려한다. 그렇게 하는 데는 그들이 결국엔 우리를 이기고, 우리를 다 죽이고, 우리 재산 전부를 강탈하려는 목적이 있다.(그들이 매일 기도하고 바라듯이) 그렇다면, 그들이 우리의 원수인 저주받은 이교도이고, 우리를 저주하고, 우리로 하여금 마침내 완전하게 영원히 멸망하도록 애쓰는 사람들이라는 이유가 하나도 없는지를 나에게 말하라! (I.W, 47:267)

12) Bainton, *Here I Stand*, 379.

13) I.W, 47:269ff.

14) Kirsi Stjerna and Brooks Schramm, *Martin Luther, the Bible, and the Jewish People: A Reader* (Minneapolis: Frotress Press, 2012), 179에서 인용되었음. 원 자료는 *the Weimar edition of Luther's works*인데, *the Weimarer Ausgabe* (WA) (Germany: Weimar, 1883–2009), 53:580으로도 알려졌다.

15) 제임스 스완(James Swan)은 다음과 같이 지적했다.

루터에 관한 연구에 있어, 루터가 나중에 썼던 반유대적인 소책자가 오늘날의 반유대주의와는 다른 위치에서 쓰인 것이라고 결론을 내린 연구가가 많았다. 루터가 반유대적인 사회에서 태어났지만, 그것이 생물학적 요인에 의한 인종차별주의에 근거를 둔 오늘날의 반유대적 유형의 사회는 아니었다. 루터가 기독교 사회로 회심한 유대인들을 받아들이는 것에 대해서는 이의를 제기하지 않았다. 그는 "유대인" 그 자체로서의 유대인들에게는 아무런 문제가 없었다. 그가 문제 삼은 것은 그들의 종교였는데, 그 이유는 유대교가 그리스도를 부인하고 모독한다고 믿었기 때문이다. 만일 누가 이 이슈를 두 개의 카테고리(반유대주의, 반유대교) 안에 집어넣는다면, 루터는 반유대주의자가 아니었다. 하지만 오늘날 사용되는 "반유대주의"라는 용어는 일반적으로 반유대교와 구별되지 않는다. 이 단어는 지금 반유대교를 포함해서 더 넓은 의미로 사용된다. 이 용어의 진전된 사용이 이전의 역사를 묘사하기 위한 중요한 단계인지, 아니면 그것이 이전의 역사를 평가하기 위한 시대착오적인 표준을 세우는 것인지, 오늘날의 논쟁은 이것에 중점을 두고 있다. 때때로 이 이슈를 바라볼 때, 나는 오늘날 이해하는 반유대주의라는 용어를 가지고 루터를 평가하는 쪽으로 기울기 시작한다. (Luther: The Jews Deserve to Be Hanged on Gallows Seven Times Higher Than Ordinary Thieves," Beggars All: Reformation & Apologetics [blog], Dec. 8, 2016, http://beggarsallreformation.blogspot.com/2016/12/luther-jews-deserve-to-hanged-on.html)

16) I.W, 45:25.

17) James Swan, "Martin Luther's Attitude toward the Jews," *Internet Archive*, June 2005, sec. 3에서 언급됨.

18) I.W, 45:33.

19) I.W, 36:105.

20) M. Audin, *History of the Life, Writings, and Doctrines of Luther*, vol. 2 (London: C. Dolman, 1854), 184 에서 인용됨. 일부다처제에 대한 루터의 마지막 견해가 다음과 같았음을 주목하라: "아내를 한 명 이상 두고 이것이 옳다고 생각하는 사람은 마귀가 그를 위해 지옥의 깊숙한 구덩이를 준비해둘 것이다. 아멘." WA, 53:195-96.
21) 요한계시록에 대한 루터의 견해는 바뀌었고, 히브리서에 대한 그의 견해는 오락가락했다.
22) I.W, 35:362. 스완(Swan)은 루터가 나중에 이 문단을 삭제했음에 주목한다. 그것이 1522년 이후의 글에 더는 등장하지 않는다. (다음을 참조할 것: James Swan, "Luther's 'Epistle of Straw' Comment," Beggars All: Reformation & Apologetics [blog], June 20, 2008) John Warwick Montgomery는 이렇게 지적했다: "1522년 이후에 나온 그의 모든 성서 번역판에서 개혁자 루터가 마지막의 그 문단을 삭제했다는 사실을 인식하는 사람은 드물다. 그리고 진보적인 루터의 해석가들은 특히 이 사실을 알리지 않는다. 그 문단은 성서의 여러 책들에 가치있는 판단을 내리고, 야고보서를 지푸라기 편지라고 평한 그 유명한 표현이 포함된, 그가 출판한 신약성서 서문의 마지막 부분에 있는 문단이다. John Warwick Montgomery, "Lessons from Luther on the Inerrancy of Holy Writs," Westminster Theological Journal 36:295.
23) I.W, 35:395-96.
24) I.W, 46:50. 또한 이 주제에 관한 더 심상치 않은 내용은 다음에 인용된 것을 참조할 것: I.W, 46:54, 65-66.
25) Herbert Albert Laurens Fisher, *A History of Europe*, vol. 2 (London: Eyre and Spottiswoode, 1935), 506. 듀란트는 농민 반란에 관해 루터가 했던 더 쇼킹한 말을 인용하여 그의 책에 포함시켰다. 다음을 참조할 것: Will Durant, *The Reformation* (New York: Simon & Schuster, 1957), 389-95.
26) Martin Luther, *Luther's Correspondence and Other Contemporay Letters*, trans. And ed. Preserved Smith, vol. 2 (Lutheran Publication Society, 1918; repr., Ithaca, NY: Cornell University Library, 2012), 321.
27) I.W, 54:180. 이것이 좌담회에서 한 말이므로 루터가 말한 것으로 알려졌음을 주목하라. 그것은 그가 글로 쓴 것이 아니다.
28) Bainton, *Here I Stand*, 376.
29) Roland H. Bainton, *The Travel of Religious Liberty* (Eugene, OR: Wipft & Stock, 1951), 64. 또한 다음을 참조할 것: Peter Hoover, Secret of the Strength (Shippensburg, PA: Benchmark Press, 1999), 59, 198. 루터가 그의 말년에 재침례교도들의 사형에 대한 그의 태도를 바꾸었음은 주목받아야 한다. 그의 견해는 오직 선동적인 재침례교도들만을 사형시켜야 한다는 것으로 발전했다. 자세한 것은 다음을 참조할 것: James

Swan, "Here I Stand: A Review of Dave Armstrong's Citations of Roland Bainton's Popular Biography on Martin Luther," Internet Archive, July 2004.

30) Mark U. Edwards Jr., *Luther's Last Battles: Politics and Polemics* 1531-46 (London: Cornell University Press, 1983), 6. 이 인용구들의 원 자료는 둘다 좌담회에서 나온 발언이다, *Trischreden* (WA TR), 2:455 (no. 2410a) and *D. Martin Luthers Werke* (WA) (Weimer: Bohlau, 1883-1993), 30.2:68, LW, 59:250, respectively.

31) Ewald Plass, *What Luther Says: An Anthology*, vol. 2 (St. Louis: Concordia Publishing House, 1959), 1058. Plass는 이 인용구를 Briefswechsel [Correspondence] (WA BR) 2:44f에서 가져왔다.

32) I.W, 41:308.

33) WA, 53:580. 루터는 636쪽에서 "유다의 오줌"이라고 일컬었다. 또한 다음을 참조할 것: *Christian History* 12, no. 3:35.

34) I.W, 39:207; Plass, *What Luther Says*, 2:1059. "염소"는 Jerome Emser를 일컫는 말이었다.

35) *Masterpieces of Eloquence: Famous Orations of Great World Leaders from Early Greece to the Present Time*, vol. 4 (New York: P. F. Collier & Son, 1905), 1336-37.

36) Harry Gerald Haile, *Luther: An Experiment in Biography* (New Jersey: Princeton University Press, 1980), 119에 인용되었음.

37) *Christian History* 12, no. 3:37.

38) 롤란드 베인턴은 그것을 이런 식으로 정리했다: "조악함의 크기는 그가 쓴 책을 통틀어 볼 때 얼마 되지 않는다. 폄하하는 사람들은 그가 집필한 90권의 대작에 해당하는 우라늄광에서 몇 페이지 정도의 방사능 찌꺼기를 가려내왔다." Bainton, Here I Stand, 232.

39) *Christian History* 12, no. 3:20-21.

40) *Christian History* 12, no. 3:41.

41) I.W, 54:73.

42) *Christian History* 12, no. 3:43.

43) I.W, 54:48.

44) Luther, "Concerning the Ministry," I.W, 40:35.

45) John Milton, *The poetical Works of John Milton* (London: Edward Churton, 1838), 453.

46) Emil Brunner, The Misunderstanding of the Church (London: Lutterworth Press, 1952), 15-16.

9 • 존 칼빈이 가졌던 쇼킹한 믿음

1) *The Autobiography of Charles H. Spurgeon*, vol. 2 (Chicago: Fleming H. Revell Company, 1899), 372. 두 번째 인용구는 종종 Ian Murray의 책 *Forgotten Spurgeon* (Morgan, PA: The Banner of Truth Trust, 1998), 79의 각주로 공을 돌린다. 머레이는 그것이 G. Holden Pike가 쓴 스퍼젼의 전기 *The Life and Work of Charles Spurgeon*, vol. 6, p. 197에서 인용되었다고 밝혔다. 그것은 스퍼젼이 실제로 쓴 글이 아니고, 그가 "연례 대학 피크닉"에서 한 말을 기록한 것으로 보인다. 그 인용구의 확장판은 다음과 같다. 미스터 스퍼젼은 이렇게 말했다: "내 나이가 들수록 존 칼빈의 체계가 완벽함에 근접했었음이 더욱 명확하게 보인다. 왜냐하면, 만일 다른 모든 신학자가 서로 어깨를 맞대고 서있어도 개혁자의 발가락에도 미치지 못할 것이다." Dublin University Magazine 90, July-Dec. 1877, 634.

2) Philip Schaff, *History of the Christian Church*, vol. 7 (New York: Charles Scribner's Sons, 1907), 834.

3) Schaff, *History of the Christian Church*, vol. 7:277. 샤프가 인용한 볼테르의 인용구는 축소된 버전이다. 볼테르는 실제로 이렇게 말했다.

> 이 제네바의 종교는 스위스의 그것과는 절대로 같지 않았다. 하지만 그 차이는 사소하고 결코 그들의 성찬을 바꾸지 않았다. 우리가 제네바의 사도로 우러러보는 유명한 칼빈은 이 변화에 가담하지 않았다. 그는 얼마 후에 이 도시로 은퇴했지만 곧 추방당했고, 모든 면에서 그의 교리는 확립된 종교에는 어울리지 않았다. 그는 다시 돌아와서 개신교파의 교황이 되었다. (Voltaire, *The Universal History & State of Europe*, vol. 2 [Edinburgh: Sands, Donaldson, Murray & Cochran, 1758], 240)

4) Will Durant, *The Reformation: Th Story of Civilization* (New York: Simon and Schuster, 1957), 472.

5) 세르베투스의 많은 신학적 오류에 관해 전반적으로 도움을 주는 내용은 다음을 참조할 것: Schaff, *History of the Christian Church*, 736-57.

6) 세르베투스가 단지 칼빈에 의해 단죄된 것만은 아니었다. 그는 16세기의 기본적인 서구의 세계관에 의해 이단자가 되어 보편적으로 단죄되었다. 로마 가톨릭 교회가 이전에 세르베투스를 체포해서 단죄하고 사형을 언도했었는데, 그는 탈출하는데 성공했다. 물론 이것은 그가 제네바에서 결국 화형을 당하기 전의 일이었다.

7) Jules Bonnet, *Letters of John Calvin: Compiled from the Original Manuscripts and Edited with Historical Notes,* vol. 2 (Edinburgh: Thomas Constable and Co., 1857), 19. 어떤 사람들은 이런 식의 말은 칼빈 쪽에서 볼 때 과장한 것이지, 글자 그대로 보면 안 된다고 주장한다. 하지만 역사적 진실은 대체로 칼빈이 세르베투스의 사형을 승인

했다는 것과 일치한다. 다음의 칼빈에 관한 괜찮은 전기 두 권을 참조할 것: Alister McGrath, *A Life of John Calvin* (New Jesery: Wiley-Blackwell, 1993); Gordon F. Bruce, *Calvin* (New Haven: Yale University Press, 2009)

8) 이 인용구는 칼빈이 1553년 8월 20일에 Willian Farel에게 보낸 편지에 있는 내용이다. Lorraine Boettner, *The Reformed Doctrine of Predestination* (New Jersery: Presbyterian and Reformed Publishing Company, 1932), 417. Bonnet이 번역한 그 편지에는 이렇게 되어 있다: "나는 그에게 적어도 사형이 언도되기를 바란다. 하지만 형벌의 잔혹함은 완화되었으면 한다." Jules Bonnet, *Letters of John Calvin*, vol. 2 (Edinburgh: Thomas Constable and Co.k 1857), 399.

9) Schaff, *History of the Christian Church*, 690-91에서 인용됨.

10) Schaff, *History of the Christian Church*, 791.

11) Perez Zagorin, *How the Idea of Religious Toleration Came to the West* (New Jersey: Princeton University Press, 2003), 116.

12) Durant, *Reformation*, 486.

13) 이것은 또 다른 점을 불러 일으킨다. 잠깐, 오늘날 이단에 대한 사형이 합법적인지를 생각해보라. 만약에 그렇다면 교리적인 갈등 때문에 다른 그리스도인들의 손에 목숨을 잃는 사람이 상당수일 것이라고 나는 생각한다. 만일 당신이 내가 틀렸다고 생각한다면 그냥 인터넷 상에서 수많은 "그리스도인" 사이에 오가는 독설과 증오를 지켜보라. 그들이 신학적 해석을 놓고 파차간에 구두로 두들겨 패는 모습을.

14) John Calvin, *Institutes of the Christian Religion* (Philadelphia: The Westminster Press, 1960), 4.17.32. 칼빈은 다음과 같이 썼다: "만일 누가 어떻게 이 일이 일어나는지를 나에게 묻는다면, 내 마음이 이해하거나 나의 입이 선포하기에는 그것이 너무 고귀한 비밀이라고 고백하기에 부끄럽지 않을 것이다." 4.17.31-32. 칼빈에게는 주의 만찬이, 그리스도께서 우리를 위해 죽으신 것, 우리가 지금 그분과 함께 살아난 것, 그리고 우리가 미래에 "우리 육체의 불멸"로 그분과 함께 부활할 확신의 느낌을 주는 수단이었다.

15) William Manchester, *A World Lit Only by Fire* (New York: Sterling, 2014), 190. 16세기의 논객들이 일상적으로 그들의 상대를 경멸스럽게 대했음을 명심하라. 그것은 논쟁을 하고 반대 의견을 낼 때 일반적으로 사용한 방법이었다. 루터는 그의 거친 언어가 단지 그리스도의 본을 따르는 것이라고 생각했다. 루터는 그리스도께서 그분의 대적들을 향해 모욕적인 말을 사용하셨다면 어떻게 할 것이냐며 과장스럽게 질문했다. 그러면서 그는 이렇게 말했다: "그분이 유대인들을 악하고 음란한 세대, 독사의 자식, 외식하는 자, 마귀의 자식이라고 부르셨을 때 폭언을 한 것인가?... 진리는 (누구나 갖고 있다고 의식하는) 고집스럽고 다루기 힘든 대적들에 대하여 참지 못

한다." Martin Luther, cited by Eric Gritsch, "The Unrefined Reformer," *Christian History* 12, no. 3:36.

16) The Mennonite Encyclopedia comments, "메노 시몬즈에 대한 칼빈의 평가는 이해하기 어렵다. 칼빈은 오직 Martin Micron의 편지를 통해서만 그를 알았음이 틀림없다. 그가 Micron에게 보낸 편지에서 이렇게 말했다: '이 당나귀보다 더 오만하고, 더 무모한 것은 없다.(Calv. IV, 176; HRE XII, 592)'" Cornelius J. Dyck and Dennis D. Martin, The Mennonite Encyclopedia, vol. 1 (Mennonite Brethren Publishing House, 1955), 497.

17) Durant, *Reformation*, 473. 제네바에서의 칼빈의 역할에 관한 내용은 다음을 참조할 것: Robert M. Kingdon, *Registers of the Consistory of Geneva in the Time of Calvin*, vol. 1 (Grand Rapids: Eerdmans, 1996) 이 책은 제네바 교회의 기록을 포함하고, 또 칼빈의 목소리와 그의 뜻이 회의 중에 어떤 역할을 했는지를 포함한다.

18) 역사가들은 칼빈이 제네바에서 얼마나 큰 영향력을 행사했는지를 놓고 의견이 엇갈린다. 어떤 사람들은 그가 1542년부터 사망할 때까지 그 도시에서 벌어진 모든 일에 막대한 영향력을 행사했다고 믿는다. 한 역사가는 그것을 이렇게 기술했다:

> 칼빈이 당대에 정치적 사고(political thinking)에 끼쳤던 영향력을 엿보기 위해, 우리는 무엇보다 먼저 그가 살았던 제네바 시로 눈을 돌려야 한다. 그는 적절한 입법을 위해 임명된 위원회의 서기장으로서 의심의 여지 없이 제네바 법의 편찬에 막대한 영향력을 행사했다. 법이 편찬되던 해인 1542년 이후로, 그는 또한 그 도시의 통치 세력에 적지 않은 개인의 영향력을 행사했다. (*Christian History* 4, no. 4:30)

어떤 사람들은 그가 거기에서 그리 큰 영향력이 없었다고 믿는다. 한 자료에 의하면,

> [칼빈]은 Martin Bucer와 Philip Melanchthon 같은 굴지의 개혁자들과 가까운 친구가 되었다. 그는 제네바 시로 돌아오라는 당국자들의 요청을 받고, 신정사회(theocratic society)를 세우기 위한 도움을 주는데 그의 여생을 보냈다… 그는 결코 제네바의 통치자나 독재자가 아니었다. 그는 시 위원회의 임명을 받고 그들에게 보수를 받았다. 그는 언제든지 그들에 의해 해고될 수 있었다.(1538년에 그가 그렇게 되었듯이) 그는 죽기 얼마 전까지 제네바에서 외국인이었고, 심지어는 귀화한 시민도 아니었다. 그가 가졌던 권세는 그의 신앙에서 유래한 도덕적 권세였다. 왜냐하면, 그가 성서의 메시지를 선포했기 때문이고, 배후에 신적 권위를 가진 하나님의 대사였기 때문이다. 따라서 그는 제네바에서 벌어진 많은 일에 참여했다. 즉, 시의 입법부터 하수구와 난방장치에 이르기까지 두루두루 참여했다. ("John Calvin, Father of the Reformed Faith," Chistian History at ChristianityToday.com에서 인용되었음. https://www.

christianitytoday.com/history/people/theologians/john-calvin.html) 또한 다음을 참조할 것: Alister E. McGrath, *A Life of Jon Calvin: A Study in the Shaping of Western Culture* (West Sussex, UK: Wiley-Blackwell, 1993), 109. 어느 쪽이든, 칼빈이 제네바에 영향을 끼친 것은 사실이다. 이것은 거기서 벌어진 모든 것이 그의 발 아래 놓일 수 있다는 뜻이 아니다. 반면에, 이것이 그가 아예 아무 역할도 하지 않았다는 뜻도 아니다.

19) James Harvey Robinson, *Readings in European History*, vol. 2 (Boston: Cinn, 1906), 134.
20) Durant, *Reformation*, 473.
21) Durant, *Reformation*.
22) Durant, *Reformation*.
23) Durant, *Reformation*, 474.
24) Durant, *Reformation*.
25) Durant, *Reformation*.
26) Durant, *Reformation*.
27) Durant, *Reformation*. "Claude"가 Saint Claude를 가리킴을 주목하라. 그 지역에 이 성인을 위한 성지가 있었다. 당국자들은 이 이름에 관한 규례로 로마 가톨릭의 잔재를 완전히 제거하고 종교 개혁을 촉진시키려 했다.
28) Durant, *Reformation*.
29) Charles Beard, *The Reformation of the Sixteenth Century*, 2nd ed. (London: Williams and Norgate, 1885), 250.
30) Durant, *Reformation*.
31) Durant, *Reformation*.
32) Durant, *Reformation*.
33) Durant, *Reformation*, 476. 어떤 자료들에는 이렇게 나와 있다: "칼빈 자신의 친족 여자 두 명." Preserved Smith, *The Age of Reformation* (New York: Henry Holt and Company, 1920), 173-74. 또 다른 자료엔 이렇게 되어 있다: "1562년도에, 그의 의붓딸 Judith가 비슷한 불명예스러운 일에 연루되었다. 그 문제가 불거져서 세간에 알려진 후에, 칼빈은 너무 예민해져서 며칠 동안 도시를 떠나 시골에서 홀로 고심했었다." William Walker, *John Calvin* (New York: G. P. Putnam's Sons, 1906), 358. 그리고 다음과 같이 기술한 자료도 있다.

칼빈이 제네바 시민들의 도덕적인 삶을 감독하느라고 쉴 사이없이 바빴지만, 유감스럽게도 그가 보여준 본이나 그가 그토록 경계했던 것이 그 자신의 가족의 선한 행실을 보장할 수 없음을 그는 알게 되었다. Antoine Calvin과 그의 아내는 개혁자의 집에서 함께 살았는데, Antoine의 아내는 불만이 많았다.

1548년에 그녀를 향해 제기된 부도덕한 행실에 대한 고발은 증명되지 않아서 취하되었다. 하지만 1557년 1월, 그녀는 칼빈의 집에서 칼빈의 곱사등이 하인인 Pierre Daquet와 간통을 행하다가 현장에서 붙잡혔다. 1월 14일에 칼빈은 그의 동생을 대신하여 종교 법정에 나타나 이혼을 요청했다. 법원은 천천히 움직였고, 칼빈은 2월 6일 Farel에게 다음과 같은 편지를 보냈다: "우리는 집안 문제로 거의 휩싸여있는데, 판사들은 내 동생을 놓아줘야 하는 이유를 찾지 못합니다. 나는 그들의 무지가 우리를 처벌하고 있다고 생각합니다. 왜냐하면, 만 2년 동안이나 내가 이 도둑에게 강도당하고 있었는데 그걸 알아차리지 못했기 때문입니다. 하지만 만일 판결이 늦어진다면 다른 방법으로 이 이슈를 문제 삼아야겠습니다." (Hugh Young Reyburn, *John Calvin* [New York: Hodder and Stronghton 1914], 210)

34) Durant, *Reformation*, 473.
35) Durant, *Reformation*, 476. 이것들의 "높은 비율"에 관해서는 이의를 제기하는 사람들도 있다.
36) John Hubbard, "Calvin's Geneva-An Experiment in Christian Theocracy" at radicalresurgence.com/calvinsgeneva. 또한 다음을 참조할 것: Harro Hopfl, *The Church Policy of John Calvin* (New York: Cambridge University Press, 1985), 136. 칼빈의 제네바에 관한 더 자세한 내용은 다음을 참조할 것: Obie Ephyhm, "Calvin's Geneva-Applied Critical Thinking" at radicalresurgence.com/calvinsgenevaapplied.
37) John Calvin, *Commentaries on the Book of the Prophet Daniel*, vol. 1 (Edinburgh: Calvin Translation Society, 1852), 185. 어떤 사람들은 칼빈이 모든 유대인을 총망라해서 한 말이 아니라 유대인의 성서 해석에 관해 언급한 것이라고 믿는다. 이것은 당신 스스로 판단해야 할 것이다.
38) Jeremy Cohen, ed., *Essential Papers on Judaism and Christianity in Conflict, From Late Antiquity to the Reformation* (New York: New York University Press, 1991), 381. 이 장은 Salo W. Baron이 집필한 "John Calvin and the Jews," 380-400 이다.
39) John Calvin, *Institutes of the Christian Religion*, 3:21.5; vol.2 (Edinburgh: T&T Clark, 1863), 206. The Battles 번역은 조금 다르게 기술한다: "모든 사람은 동등한 조건으로 창조되지 않았다. 오히려, 어떤 사람들에게는 영생이 예정되어 있고, 어떤 사람들에게는 영원한 멸망이 예정되어 있다. 그러므로 누구나 결국 둘 중의 하나로 귀결되기 위해 창조되었으므로, 우리는 그가 생명 또는 사망으로 예정되었다고 말한다." 어떤 칼빈주의자들은 하나님께서 인류의 타락과 상관없이 의도적으로 사람을 멸망을 위해 창조하셨다는 이중 예정론 식의 사상을 거부했음을 주목해야 한다. 마찬가지로, 개혁 신학계 안에서도 칼빈이 후정론자(infralapsarian)인지 아니면 타죄

이전론자(supralaspsarian)인지에 관한 논란이 있음을 주목해야 한다.
40) John Calvin, *Institutes of the Christian Religion*, 3:23.5.

10 • 어거스틴이 가졌던 쇼킹한 믿음

1) Richard N. Ostling, "The Second Founder of Our Faith," *Time*, sept. 29, 1986. 이 문서의 저자는 이렇게 기술했다: "오직 몇 안 되는 수의 사상가들만이 그 기간 동안 동등한 영향을 끼쳤다. 예일대학교의 역사가 Jaroslav Pelikan은 다음과 같이 관찰했다 … 어거스틴의 회심 이후 16세기 동안 각 세기마다 그는 "주된(major) 지적, 영적, 문화적인 힘"이었다. Time지는 이 인용구를 이 책에서 가져왔다: Jaroslav Pelikan, *The Mystery of Continuity: Time and History, Memory and Eternity in the Thought of Saint Augustine* (Charlottesville: University Press of Virginia, 1986), 140. Pelikan은 이렇게 말했다: "정말 글자 그대로 말해서, 어거스틴의 회심 이후로 16세기 동안 그가 주된(major) 지적, 영적, 문화적인 힘이 아니었던 세기는 없었다." 또한 *Christian History* 6, no. 3:2를 참조할 것.
2) B. B. Warfield, "Augustine and His 'Confessions,'" *Princeton Theological Review*, vol. 3 (Philadelphia: MacCalla & Co. Inc., 1905), 124, 126. Warfied는 이렇게 기술했다: "그도 그의 은총론(doctrine of grace)으로써 종교 개혁을 가능케 한 긍정적인 교리의 요인에 똑같이 공헌했다. 왜냐하면, 종교 개혁이 신학적인 측면과 종교적인 측면에서 볼 때 단적으로 어거스틴의 부흥운동이었기 때문이다… 왜냐하면, 종교 개혁 운동 내부에서 가장 고려했던 것이 어거스틴의 교회론(doctrine of the Church)을 물리친 어거스틴의 은총론(doctrine of grace)의 승리였기 때문이다.
3) Will Durant, *The Age of Faith* (New York: Simon and Schuster, 1950), 75.
4) Augustine, *The Literal Meaning of Genesis,* vol. 1 (New York: Paulist Press, 1982), 41.
5) Augustine, *Sermons of the Old Testament* (20-50), *The Works of Saint Augustine* (New York: New City Press, 1990), 2:240.
6) Augustine, *The Confessions of St. Augustine* (Edinburgh: T&T Clark, 1876), 1.
7) 이것은 Nicene and Post-Nicene Fathers of the Christian Church (NPNF), ed. Philip Schaff (New Yor: The Christian Literature Company, 1892) NPNF, 12:504의 현대판이다.
8) Augustine, T*he Confessions of St. Augustine*, 3.5.9.
9) Augustine, *Augustine: Later Works* (Philadelphia: The Westminster Press, 1955), 317.
10) Augustine, *City of God*, 21.8.2.
11) Augustine, *The Works of Aurelius Augustine,* vol. 9 (Edinburgh: T&T Clark, 1883), 24.
12) Augustine, *The Confessions of St. Augustine* (New York: J. M. Dent & Sons, 1920), 20.
13) 어거스틴이 왜 독신주의에 매료되었는지의 이유에 관한 유용한 개요는 다음을 참

조할 것: Veronica Arntz, "Pursuing Asceticism: St. Augustine & St. Anthony of Egypt," Catholic Exchange, January 17, 2018, http://catholicexchange.com/pursuing-asceticism-st-augustine-st-anthony-egypt.

14) David G. Hunter, ed., *Marriage and Sexuality in Early Christianity* (Minneapolis: Fortress Press, 2018), 32에 의하면, 어거스틴은 욕정의 두 가지 유형 사이에 구분을 두었다. 결혼에는 적절한 유형의 성적 욕망이 있고, 또한 육신의 죄를 따르는 성적 욕망이 있다. 그것과 관계없이, 그는 결혼을 폄하하지는 않았다. 그는 그것이 고결한 것이고, 허용된 것이라고 믿었다. 어거스틴에게 있어, 결혼은 좋은 것이었다. 이 태도는 결혼을 타락의 부정적인 면으로 보았던 당대의 다른 신학자들(제롬과 암브로즈 같은 사람들)과는 현저하게 달랐다.

15) Against Faustus, book 15, 7, in *NPNF* 4:216.

16) *Christian History* 6, no. 3:26-28.

17) Augustine, *Confessions*, 11.3.

18) NPNF 5:62. 이 짧은 부분에서, 어거스틴은 왜 어린아이들이 세례를 받아야 하는지를 설명한다. 그는 어린아이들이 세례를 통하여 "독사에 물린 독에서 해방되는 것"이라고 말했다.

19) NPNF 5:404.

20) NPNF 3:374-75.

21) *Christian History* 4, no. 3:29.

22) Augustine, *The Correction of the Donatists,* 22-24. 또한 NPNF 4:642를 참조할 것.

23) NPNF 1, 388.

24) NPNF 1, 470.

25) On Forgiveness of Sins and Baptism, 1:34, in *NPNF* 5:28. 다음을 주목할 것: 여기서 언급한 초기의 사도적 전통은 "구원"과 "영생"으로서의 의식을 가리킨다. 어거스틴은 더 나아가서 성서의 증거를 설명한다. 어거스틴이 말하는 "불가능"의 의미가 무엇이든지, Schaff는 어거스틴이 화체설(transubstantiation)을 신봉한 것이 아니고, 오히려 뭔가 "실재하는 영적인 참여(real spiritual participation)"를 고수했다고 주장한다. *NPNF* 1:388-99.

26) *The Anti-Nicene Fathers* (ANF), ed. Rev. Alexander Roberts and James Donaldson (New York: Charles Scribner's Son, 1905), 3:246.

27) 기독교 교육의 역사에 관한 것은 내가 조지 바나와 공저한 『이교에 물든 기독교』(대장간, 2011)의 제 10단원을 참조할 것.

28) NPNF 5:475. 어거스틴에게 있어, 어떤 사람들은 끝까지 버티도록 허락되었고(또는 끝까지 버티도록 선택되었고), 어떤 사람들은 그렇지 않았다.

어거스틴은 그의 저작 *De correptione et gratia*에서 분명하게 이 결론을 부정한다. 그리고 타락한 신자들을 고쳐주고 책망해야 할 필요를 역설한다. 이 논문의 앞 부분은 은혜의 효력과 기독교 신앙에서의 징계와 책망의 중요성을 다룬다. 나머지 부분은 인내(perseverance)의 은혜와 신자의 윤리적인 삶의 결과와 관련이 있다. 어거스틴 자신의 견해로는, *De correptione et gratia*가 하나님께서 끝까지 버티게 하시는 은혜의 거저 주시는 본성을 표현하는 가장 알찬 최고의 작품이다. 그는 여기에서, 자신의 믿음을 잃은 신자는 그것에 대해 스스로 책임져야 하지만 믿음을 되찾은 사람은 버텨내는 은혜의 선물을 드러내는 것이라고 주장한다. 그는 더 나아가서 택함을 받은 사람은 하나도 멸망하지 않고, 사는 동안 타락한 사람, 영원히 타락한 사람, 그리고 타락한 사람의 일부는 멸망한다고 주장한다. 반면에, 만일 택함을 받은 사람 중 하나가 타락한다면, 하나님께서 그 사람이 궁극적으로 회개하고 교회로 돌아오는 것을 필연적으로 보장하신다. 어거스틴은 왜 하나님께서 어떤 사람들은 버티게 하시고 어떤 사람들은 그렇지 못하도록 허락하시는지의 신비를 탐구하려는 노력을 하지 않고 다음과 같은 바울의 말에 의지했다: "깊도다 하나님의 지혜와 지식의 풍성함이여"(롬 11:33) 그렇지만, 이 논문의 핵심적인 가르침, 즉 사람이 끝까지 버티는 것은 오직 하나님의 은혜의 역사라는 가르침은 책 전체에 걸쳐 생생하게 묘사되어 있다. 그것은 버티게 하는 은혜의 완전히 거저 주시는 본성에 관한 이해를 옹호하려는 것이었다. 그리고 이 은혜가 어거스틴으로 하여금 인내에 관한 그의 마지막 저작 *De dono perseverantiae*를 집필하게 했다. Henry Knapp, "Augustine and Owen on Preservation," *Westminster Theological Journal* 62 (2000): 65–88.

29) Enchiridion of Faith, Hope, and Love, chapter 107 in *NPNF* vol. 3.

30) St. Augustine, Sermons on the Liturgical Seasons, *Th Fathers of the Church*, vol. 38 (Washington, DC: The Catholic University of America, 1959), 10.

31) Luigi Gambero, *Mary and the Fathers of the Church: The Blessed Virgin Mary in Patristic Thought* (San Francisco: Ignatius Press, 1999), 224.

32) Of Holy Virginity, sec, 4; *NPNF* 3:418.

33) Joseph Berington and John Kirk, *The Faith of Catholics*, vol. 1 (New York: Fr. Puster & Co., 1909), 431.

34) William A. Jurgens, ed. And trans., *Th Faith of the Early Fathers* (Collegeville, MN: Liturgical Press, 1970 and 1979), 3:29.

35) Augustine, *City of God*, 21, 24, 2; NPNF 2:470. 이 점에 관해서 Schaff는 NPNF 2의 각주에서 이렇게 피력했다: "이것은 연옥의 교리의 진수를 포함한다. 그것은 그 후에 교황 그레고리 1세에 의해 더 확실히 발전되었고, 로마 가톨릭교회에 의해 채택되었다. 하지만 그것은 개혁자들에 의해 성서의 근거가 없으므로 부정되었다. 개혁자

들은 그것을 뒷받침하기 위해 마 12:32과 고전 7:15을 인용했다."
36) 어거스틴을 위시한 몇몇 학자의 로마서 5:12에 관한 견해를 탁월하게 설명한 New International Commentary on the New Testament(NICNT)의 Douglas Moo가 집필한 로마서 주석을 참조할 것. Moo는 그가 제시한 마지막 포인트에서 "집합적 연대(corporate solidarity)", 즉 특정한 사람들의 행동이 어떻게 "대표적인 성격(representative character)"을 가질 수 있는지에 대해 기술한다. (Douglas Moo, *The Letter to the Romans, NICNT* [Grand Rapids: Eerdmans, 2018], 327)
37) Charles Finney, *Lectures on Systematic Theology* (New York: Gerge H. Doran Company, 1878), 252.
38) Whitney Oates, *Basic Writings of Saint Augustine*, vol. 2, *City of God* (New York: Random House Publishers, 1948), 564-66. 그의 말을 여기에 그대로 옮긴다: "그러므로 만일 생물학자들이 기록한 바와 같이 도룡뇽이 불 속에서 산다면, 그리고 만일 시실리의 이름난 어떤 산이 고대로부터 지금까지 계속해서 불타고 있고 또 그대로 유지된다면, 이것들은 불타는 모든 것이 전소되지 않는다는 것을 충분히 납득시키는 실례이다. 영혼 역시 고통을 당하는 모든 것이 다 죽지 않을 수 있는 증거이다. 그렇다면, 어째서 그들은 아직도 우리에게 실례를 제공하라고 요구하는가? 즉, 어째서 영원한 형벌로 심판받는 사람들의 육체가 불 속에서 그들의 영혼을 그대로 유지시킬 수 있고, 소멸되지 않고도 불탈 수가 있고, 없어지지 않고도 고통을 당할 수 있는 실례를 요구하는가?" (NPNF 2:454)
39) Augustine, *The Retractions* (Washington, DC: The Catholic University Press of America, 1968), 169.

11 • 존 웨슬리가 가졌던 쇼킹한 믿음

1) *Christian History* 11, no. 1:4.
2) 웨슬리의 아내 메리 버자일(Mary Vazeille, Molly라고 알려졌음)은 남편을 심히 반대했다. 자세한 것은 다음을 참조할 것: Stephen Tomkins, *John Wesley: A Biography* (Grand Rapids: Eerdmans, 2003), 155-74; Nathan Busenitz, *John Wesley's Failed Marriage* (published on The Cripple Gate website); Lillian Harvery, *John Wesley and His Wife* (Richmond, KY: Harvey Christian Publishers, n.d.).
3) *C. H. Spurgeon's Autobiography*, vol. 1 (London: Passmore and Alabaster, 1899), 176.
4) J. C. Ryle, *Christian Leaders of the Last Century* (London: T. Nelson and Sons, 1869), 105.
5) Rev. L. Tyerman, *The Life and Times of John Wesley*, vol. 2 (London: Hodder and Stoughton, 1872), 363.
6) *The Works of the Rev. John Wesley*, vol. 5 (New York: Carlton & Phillips, 1853), 235. 또한

다음을 참조할 것: *Christian History* 2, no. 1:4.
7) *The Miscellaneous Works of Adam Clarke* (Glasgow: R. Griffin and Co., 1836), 287-88; H. newton Malony Jr., *The Amazing John Wesley: An Unusual Look at an Uncommon Life* (Downers Grove, IL: InterVarsity, 2010), 12.
8) In John Wesley's "Letter to a Roman Catholic," Dublin, July 18, 1749, in *John Wesley, Works of the Rev. John Wesley*, vol. 10 (London: John Mason, City-Road, 1860), 81.
9) Malony Jr., *Amazing John Wesley*, 159.
10) John Wesley, *Primitive Physick* (Leeds: Web & Millington, 1846), 12.
11) Wesley, *Primitive Physick*, 9.
12) Malony Jr., *Amazing John Wesley*, 72-73. 그가 처방한 많은 치료법에 관해서는 다음을 참조할 것: Wesley, *Primitive Physick*.
13) Wesley, Primitive Physick, 9.
14) Wesley, *Works of John Wesley*, 3:247; "Advice to the People Called Methodists with Regard to Dress," The Works of the Reverend John Wesley, vol. 6 (New York: Waugh and T. Mason, 1835), 546-47.
15) J. Parnell McCarter, "On Jewelry and Attire: 'Put Off Thy Ornaments from Thee,'" *Puritan News Weekly*, April 6, 2004.
16) J. B. Galloway, *A study of Holiness from the Early Church Fathers* (Eugene, OR: Wipf & Stock, 2014), 33.
17) John Wesley, *The Works of John Wesley*, vol. 11 (Grand Rapids: Zondervan, 1872), 485-86.

12 • 찰즈 스퍼젼이 가졌던 쇼킹한 믿음

1) *Christian History* 10, no. 1:2.
2) *Spurgeon's Fast Day Service, Held in the Sydenham Crystal Palace on October 7, 1857* (Melbourne: Smith Bookseller and Stationer, 1858) 그가 그의 생애를 통틀어 천만 명이 넘는 사람들에게 설교했다고 추정된다. 이 추정은 Arthur Tappan Pierson이 계산한 통계로 보인다. 이 저자에 의하면,

> 내가 계산을 해보았더니 그가 사역하는 동안 적어도 천만 명 이상의 사람들에게 설교한 것이 틀림없고, 그의 목회 기간 중 만 명에서 만이천 명의 회심자를 공동체로 받아들인 것이 틀림없고, 마지막 30년 동안 그의 설교가 2천만에서 4천만 명 사이에서 읽혔음이 틀림없음을 발견했다. 그리고 아마도 오늘날 그의 생애와 그의 수고, 그의 죽음과 장례에 관한 기록을 읽는 사람들이 5천만 명 이상은 될 것이다. (*From the Pulpit to the Palm Branch* [New York: A. C. Armstrong and

Son, 1892], 229)

또한 다음을 참조할 것: *Christian History* 10, no. 1:2-3.

3) Russell Herman Cornwell, *Life of Charles Haddon Spurgeon, The World's Greatest Preachers* (New Yor: Edgewood Publishing, 1892), 235.

4) Christian George, *The Lost Sermons of C. H. Spurgeon,* Volume 1: His Earlist Outlines and Sermons Between 1851 and 1854 (Nashville: B&H Academic, 2017), xvii-xx; Matt Carter and Aaron Ivey, *Steal Away Home: Charles Spurgeon and Thomas Jefferson: Unlikely Friends on the Passage to Freedom (*Nashville: B&H Publishing, 2017)

5) Charles H. Spurgeon, *The Sword and the Trowel,* vol. 4 (London: Passmore and Alabaster, 1874), 111-13, 116. Alternate text: *C. H. Spurgeon's Autobiography*, vol. 1 (London: Passmore and Alabaster, 1899), 355-56.

6) G. Holden Pike, *The Life and Work of Charles Haddon Spurgeon*, vol. 5 (London: Cassel, 1923), 138-40. 또한 다음을 참조할 것: W. M. Hutchings, *Smoking to the Glory of God: A Letter to the Rev. C. H. Spurgeon in Reply to His Apology for Smoking, with Special Reference to the Principle on Which That Apology Is Based*, 2nd ed. (London: W. M. Hutchings, 1874), 5-7-14; Charles Ray, *The Life of Charles Haddon Spurgeon* (London: Passmore and Alabaster, 1903), 490-91.

7) Justin D. Fulton, Charles H. Spurgeon, *Our Ally* (Chicago: H. J. Smith & Co., 1892), 345에서 인용됨.

8) *The Autobiography of Charles H. Spurgeon*, vol. 3 (London: Passmore and Alabaster, 1899), 138. 또한 스퍼전의 빚에 관해서 다음을 참조할 것: Charles Spurgeon, *John Ploughman's Talk* (Philadelphia: Henry Altemus, 1896), 96-110.

9) Spurgeon, *John Ploughman's Talk*, 183, 210-11. 이 인용구에서 스퍼전은 그가 만든 가상의 인물 "John Ploughman"을 통해 말하고 있다.

10) Spurgeon, *John Ploughman's Talk*, 16-17. 이 인용구에서 스퍼전은 그가 만든 가상의 인물 "John Ploughman"을 통해 말하고 있다.

11) Reginald H. Barnes, *Charles Haddon Spurgeon: The People's Preacher* (Kilmarnock, Scotland: John Ritchie, Ltd., Publishers of Christian Literature, 1892), 235-36.

12) W. Y. Fullerton, *C. H. Spurgeon: A Biography* (London: Williams and Norgate, 1920), 260.

13) Christian George, "How Would Spurgeon Vote?" Nov. 7, 2016, published in the Spurgeon Center; *Christian History* 10, no. 1:13.

14) *C. H. Spurgeon's Autobiography*, vol. 4 (London: Passmore and Alabaster, 1900), 127.

15) Christian George, "How Would Spurgeon Vote?" Nov. 7, 2016, published in the Spurgeon

Center.

16) Timothy Weber, "The Baptist Tradition," in *Curing and Caring: Health and Medicine In the Western Faith Traditions*, ed. Ronald L. Numbers and Darryl W. Amundsen (Baltimore: Johns Hopkins University Press, 1986), 294; Conwell, *Life of Charles Haddon Spurgeon*, 173–79.

17) Conwell, *Life of Charles Haddon Spurgeon*, 184–85. 또한 스퍼전이 체험한 기적에 관해 Conwel, chapter 3를 참조할 것.

18) *C. H. Spurgeon's Autobiography*, vol. 1 (London: Passmore and Alabaster, 1899), 362. 스퍼전의 설교 두 편을 참조할 것: "The Minister's Fainting Fits," *Charles Spurgeon, Lectures to My Students, First Series* (New York: Robert Carter & Brothers, 1890), 249–67; and "The Desire of the Soul in Spiritual Darkness," C. H. Spurgeon, *The New Park Street Pulpit*, vol. 1 (Grand Rapids: Zondervan, 1963), 237–44. 또한 Christian History 10, no. 1:22–25을 참조할 것.

19) Conwell, *Life of Charles Haddon Spurgeon*, 85.

20) C. H. *Spurgeon's Autobiography*, vol. 1 (London: Passmore and Alabaster, 1899), 242.

21) *C. H. Spurgeon's Autobiography,* vol. 3 (London: Passmore and Alabaster, 1899), 89; and W. Y. Fullerton, *C. H. Spurgeon: A Biography* (London: Williams and Norgate, 1920), 250. 스퍼전이 개혁주의 침례교인이었지만 적어도 한 명의 극단적 칼빈주의자와 격론을 벌였음을 주목하라. 다음을 참조할 것: Iain Murray, *The Forgotten Spurgeon* (Edinburgh: Banner of Trust, 2010); and Iain Murray, *Spurgeon v. Hyper–Calvinism* (Edinburgh: Banner of Truth Trust, 2010)

22) 이 인용구는 스퍼전의 부목 Godfrey Holden Pike가 진술한 이야기에 등장한다. Pike, *Charles Haddon Spurgeon, Preacher, Author, Philanthropist* (New York: Funk & Wagnalls, 1892), 335–36.

13 • D. L. 무디가 믿었던 쇼킹한 사상

1) *Christian History* 9, no. 1.

2) William R. Moody, *The Life of D. L. Moody* (New York: Fleming H. Revell Company, 1900), 43.

3) Moody, *The Life of D. L. Moody*, 568.

4) G. Campbell Morgan, "Christ and Nathanael," The Advance 54 (Dec. 26, 1907): 789.

5) Paul Dwight Moody and Percy L. Fitt, *The Shorter Life of D. L. Moody*, vol. 1: His Life (Chicago: The Bible Institute Colportage Association, 1900), 95.

6) *The New Sermons of Dwight Lyman Moody* (New York: Henry S. Goodspeed, 1880), 589.

7) James F. Findlay, Dwight L. Moody, *American Evangelist* 1837-1899 (Eugene, OR: Wipf & Stock, 1969), 40.

8) Warren W. Wiersbe, *50 People Ecery Christian Should Know* (Grand Rapids: Baker Books, 2014), 2009, 177-78.

9) Alton Gansky, *60 People Who Shaped the Church* (Grand Rapids: Baker Books, 2014), 275-76. 무디의 인생에 관한 더 인상적인 내용은 다음을 참조할 것: Christian History 9, no. 1; Gansky, 60 People, chap. 53; Wiersbe, 50 People, chap. 24; Moody, The Life of D. L. Moody.

10) Dwight L. Moody, *The New Sermons of Dwight Lyman Moody* (New York: Nelson & Phillips, 1877), 258.

11) Dwight L. Moody, *Great Joy* (New York: EB Treat, 1877) 183.

12) *Christian History* 9, no. 1:19.

13) Dwight L. Moody, "When My Lord Jesus Comes," *The Herald of Gospel Liberty* 8, no. 28 (July 13, 1911): 878 (9)

14) "Drummond's Greatest Thing in the World," *Christianity Today*, April 28, 2010; D. W. Bebbington, "Henry Drummond, Evangelicalism and Science," Internet Archive, 145-146.

15) *Christian History* 9, no. 1:25; Rosemary Skinner Kelley and Rosemary Radford Reuther, eds., *Encyclopedia of Women and Religion in North America* (Indianapolis: Indiana University Press, 2006), 441.

16) Richard Turnbull, *A Passionate Faith: What Makes an Evangelical* (Oxford, UK: Monarch Books, 2012), 146.

17) Dwight L. Moody, *The Gospel Awakening* (Chicago: Fleming H. Revell, 1883), 370.

18) Dwight L. Moody, *One Thousand and One Thoughts from My Library* (Chicago: Fleming H. Revell, 1898), 15, 113.

19) Martyn McGeown, "The Life and Theology of D. L. Moody" on the Covenant Protestant Reformed website.

20) Dwight L. Moody, *Weighed and Wanting* (Chicago: The Bible Institute Colportage Association, 1898), 15.

21) D. L. Moody, "How Shall We Spend the Sabbath?" *Golden Counsels* (Boston: United Society of Christian Endeavor, 1899); D. L. Moody, *The Ten Commandments: Reasonable Rules for Life* (Kensington, PA: Whitaker House, 2016)

22) D. L. Moody, *Heaven: Where It Is, Its Inhabitants, And How to Get There* (New York: Fleming H. Revell, 1884), 35.

14 • 빌리 그레이엄의 쇼킹한 어록 일곱가지

1) Franklin Graham, "My Father Hs Gone Home," and Cathy Lynn Grossman, "Evangelical Blazed Numerous Spiritual Trails," *USA Today*, Feb. 22, 2018.

2) Billy Graham, interview by Robert Shuller, *Hour of Power*, May 31, 1997. 이 인터뷰는 또한 그레이엄이 하나님께서 부르시는 거짓 종교에 속한 사람들에 관해 말한 것으로 해석될 수 있다. 즉, 복음을 듣고 반응한 후에, 궁극적으로 그들의 종교에서 불러내어 나중에 교회 안으로 데려오실 사람들을 뜻한다.

3) Billy Graham, "I Can't Play God Anymore," interview with James M. Beam, McCall's, January 1978, 156, 158. 위의 인터뷰에 대해 그레이엄이 다음과 같이 해명했다는 내용을 실은 자료를 주목해야 한다:

> 전반적으로 나는 그 인터뷰의 정확성에 만족하는 편이다. 그렇지만 유감스럽게도, 몇 가지는 편집되지 않은 원래의 인터뷰에서 내가 결코 제시하려고 의도한 적이 없는 의미가 전달된 것이다. 이것은 내가 가능한 한 나 자신을 솔직하게 표현하지 못했기 때문이다. 자연에서 창조주의 발자취를 본 사람은 누구든지 그가 제대로 알지 못하는 하나님께 도움을 청할 수 있다. 그리고 나는, 하나님께서 우리는 전혀 이해할 수 없는 방법으로 그 사람에게 빛을 더 비춰주셔서 그가 구원받게 되도록 그를 예수 그리스도 안에 있는 진리의 지식으로 인도할 것을 믿는다.
>
> 그러나 더 중요한 것은 그레이엄이 로마 가톨릭에 대한 그의 견해를 부인하지 않았다는 사실이다. 이 견해는 그가 왜 그의 전도 집회들에서 로마 가톨릭 교인들을 상담자로 사용했는지의 이유를 설명해주고, 그가 왜 1979년에 밀워키에서 열린 집회에서 가톨릭 교인들에게 그들의 견진 성사를 재확인하라고 촉구했는지의 이유를 설명해주고, 교황청이 왜 로마에서 열린 그레이엄의 전도 집회를 반대하지 않았는지의 이유를 설명해주고, 그가 왜 가톨릭 "회심자들"에게 그들의 성당을 떠나야 한다고 말하지 않았는지의 이유를 설명해주고, 왜 지금 빌리 그레이엄의 진리에 관한 믿음에 의문을 제기하는 적절한 증거가 있는지를 설명해준다. 바울은 그가 전한 복음을 왜곡시키거나 다른 복음을 전하는 자는 누구든지 저주를 받는다고 했다. 따라서 그리스도인들은 그런 저주를 심각하게 받아들여야 한다. (이것은 The Trinity Foundation website에 실린 Gordon H. Clark의 논문 "세대주의(Dispensationalism)"의 끝 부분에 있는 내용이다)

4) Bruce Buursma, "Concerns of the Evangelist," *Christianity Today*, April 5, 1985; "What I Would Have Done Differntly," *Christianity Today*, Billy Graham's regrets, in his own words, compiled by Collin Hansen, April 2018, p. 95.

5) Billy Graham, interview by Sarah Pulliam Bailey, Christianity Today, January 21, 2011.

6) Billy Graham, interview by Greta Van Susteren, November 7, 2011.

7) Billy Graham, *World Aflame* (United Kingdom: World's Work, 1965), 86.

8) Billy Graham, "Billy Graham Speaks: The Evangelical World Prospect," an exclusive interview in *Christianity Today* 3, no. 1 (Oct. 13, 1958): 5.

16 • 만일… 당신은 바리새인임에 틀림없다
1) E. Stanley Jones, *The Way* (Nashville: Abingdon Press, 2015), Week 19, Wednesday.

17 • 기독교 우익과 기독교 좌익이 나를 받아들이지 않는 이유 20 가지
1) Rick Warren, interview, This Week with George Sephanopoulos, ABC New, April 8, 2012.

23 • 우리 믿음의 본질
1) radicalresurgence.com/essentials.

2) C. S. Lewis, *Mere Christianity* (London: William Collins, 1952), viii.

3) 프랭크 바이올라, 『다시 그려보는 교회』 (대장간, 2013)

24 • 진짜 이단은 누구인가?
1) Ben Witherington, *Grace in Galatia: A Commentary on St. Paul's Letters to the Galatians* (Grand Rapids: Eerdmans, 1998), 401.

25 • 그들은 우리의 스승이다
1) Lewis, *Collected Letters*, 119

2) Jonathan Edwards, *Charity and Its Fruits* (New York: Robert Carter & Brothers, 1852), 243–244.

3) Martin Luther, *Luther's Large Catechism*, trans. John N. Lenker, vol. 2, Christian Educational Series (Minneapolis: Luther Press, 1908), 123–24.

4) John Calvin, *Institutes of the Christian Religion* (Philadelphia: The Westminster Press, 1960), 4. 17. 32.

5) Augustine, *The Literal Meaning of Genesis*, vol. 1 (New York: Paulist Press, 1982), 41.

6) John Wesley, *The Works of John Wesley*, Volume 1: Sermons 1–53 (Harrington, DE: Delmarva Publications, 2014)

7) Charles Spurgeon, "Satan's Hindrances," The Spurgeon Center, October 29, 1865. Metopolitan Tabernacle pulpit, https://www.spurgeon.org/resource-library/sermons/satan-

ic-hindrances#flipbook/.
8) D. L. Moody, *The D. L. Moody Collection* (Karpathos Collections, 2015)
9) Billy Graham, "True Unity," Daily Devotion, Billy Graham Evangelistic Association, July 2, https://billygraham.org/devotion/true-unity/